"数商兴农"实用技能培训丛书

农产品直播销售

"数商兴农"实用技能培训丛书编写组 ● 编

中国劳动社会保障出版社

图书在版编目（CIP）数据

农产品直播销售／"数商兴农"实用技能培训丛书编写组编． －－北京：中国劳动社会保障出版社，2024．（"数商兴农"实用技能培训丛书）．－－ISBN 978－7－5167－6774－0

Ⅰ．F724.72

中国国家版本馆 CIP 数据核字第 202484969C 号

中国劳动社会保障出版社出版发行

（北京市惠新东街 1 号　邮政编码：100029）

*

北京市科星印刷有限责任公司印刷装订　新华书店经销

787 毫米×1092 毫米　16 开本　10.5 印张　160 千字
2024 年 12 月第 1 版　2024 年 12 月第 1 次印刷
定价：29.80 元

营销中心电话：400－606－6496
出版社网址：https://www.class.com.cn

版权专有　　　侵权必究

如有印装差错，请与本社联系调换：（010）81211666
我社将与版权执法机关配合，大力打击盗印、销售和使用盗版图书活动，敬请广大读者协助举报，经查实将给予举报者奖励。
举报电话：（010）64954652

"数商兴农"实用技能培训丛书编写组

主　编：程淑丽
副主编：张丽萍
编　者：张志霄　厚华倩

前　言

农业是国民经济的基础，农产品是人民生活的必需品。随着互联网技术的发展和消费市场的变化，农产品的销售方式也在不断创新。直播销售已经进入人们的日常生活中，为了帮助农产品直播销售团队学习直播、学会直播、学好直播，实现销售长红，我们组织编写了这本《农产品直播销售》。

那么，如何才能实现农产品直播销售事业的成功管理运营呢？农产品直播需要哪些必要条件？怎么选品？如何培育优秀的主播？如何与专业的主播进行合作？如何撰写农产品直播销售脚本？如何进行全过程的营销宣传？如何控制直播销售过程？

农产品直播销售不是其他领域产品直播销售的平移或挪用，其有自己的特点。本书立足农产品直播销售全过程，有总结有细节，有理论有实践，有精练有剖析，力图帮助读者熟练掌握并精通农产品直播销售的全过程。

本书共分为9章，涵盖了直播准备、产品选择、主播培育、场景布置、形象展现、脚本撰写、直播实施、直播传播和直播复盘这9大直播销售模块。

本书既对方法、策略、原则等理论内容进行了详细讲解，也对任务、步骤、技巧、渠道、标准、脚本、案例、注意事项等应用内容进行了操作性说明。通过理论加应用的方式帮助农产品直播销售团队快速了解、掌握农产品直播销售的全过程，并进行落地实施。

本书的编写结合了农产品直播销售的特点和规律，为读者提供了农产品直播销售学习方案，力求做到既有理论指导，又有实践操作；既有基础知识，又有进阶应用。希望能为读者提供一份有价值的参考，帮助读者在农产品直播销售事业上走得更远。

本书在创作中难免有疏漏与不足之处，恳请广大读者批评指正。

"数商兴农"实用技能培训丛书编写组

2024年12月

目 录

第 1 章 直播准备：4 个事项

1.1 选择平台：4 符合   3
- 1.1.1 谁运营成本更低选谁   3
- 1.1.2 谁用户和流量更多选谁   4
- 1.1.3 谁支持力度更大选谁   5
- 1.1.4 谁客户购买力更强选谁   6

1.2 开通账号：4 步骤   7
- 1.2.1 账号注册   7
- 1.2.2 完善资料   8
- 1.2.3 实名认证   9
- 1.2.4 开通直播   9

1.3 购置设备：4 大件   10
- 1.3.1 手机或计算机   10
- 1.3.2 摄像设备   11
- 1.3.3 麦克风   11
- 1.3.4 专业的照明设备   11

1.4 分工到人：6 岗位   12

1.4.1 主持人/主播   12
1.4.2 摄像师/编导   12
1.4.3 灯光师/音效师   12
1.4.4 媒体运营人员   13
1.4.5 技术人员   13
1.4.6 客户服务人员   13

第 2 章 产品选择： 4 条准则

2.1 农产品选得好，才有可能卖得好   17

2.1.1 一看产量：在产量高与低之间抉择   17
2.1.2 二看产地：特殊产品源于特殊产地   18
2.1.3 三看区域：销售半径能覆盖的范围   18
2.1.4 四看特色：是否有特色或是特产   19
2.1.5 五看季节：销售应季农产品   20
2.1.6 六看品质：产品的品质标签   21

2.2 搭配起来销售，重新包装后销售   21

2.2.1 产品销售定位选择   21
2.2.2 "1＋1"搭配销售原则   22
2.2.3 重新包装   23

2.3 寻找特色产品，或进行独家销售   24

2.3.1 特色农产品的特点   24
2.3.2 特色农产品的寻找   25
2.3.3 特色农产品的销售   25

2.4 选择应季产品，随着季节进行销售   27

2.4.1 销售应季农产品   27
2.4.2 销售应季农产品的注意事项   27
2.4.3 销售反季节农产品的注意事项   28

第3章 主播培育：4种选择

3.1 主播寻找：3个渠道   31
3.1.1 从开户平台上寻找   31
3.1.2 从其他平台上寻找   32
3.1.3 从当地名人中寻找   34

3.2 制定规范：3个标准   35
3.2.1 选人标准   35
3.2.2 训练体系   37
3.2.3 业绩标准   38

3.3 组建团队：3个角色   40
3.3.1 助播   40
3.3.2 运营   41
3.3.3 客服   41

3.4 培养主播：3个定位   42
3.4.1 培养专业型主播   42
3.4.2 培养销售型主播   43
3.4.3 培养人气型主播   44

第4章 场景布置：4个考虑

4.1 色彩与背景   49
4.1.1 色彩搭配   49
4.1.2 背景设计   50

4.2 灯光与摄像   51
4.2.1 灯光设计   51
4.2.2 摄像效果   52

4.3 道具与空间   **54**

4.3.1 道具使用   54

4.3.2 空间利用   55

4.4 音乐与声音   **56**

4.4.1 音乐选择   56

4.4.2 声音控制   57

第5章 形象展现：4个方面

5.1 服饰   **61**

5.1.1 服装   61

5.1.2 配饰   61

5.1.3 服饰搭配注意事项   62

5.2 妆容   **62**

5.2.1 发型   62

5.2.2 彩妆   63

5.3 言行举止   **64**

5.3.1 语言   64

5.3.2 举止   66

5.4 情绪表现   **67**

5.4.1 情绪控制   67

5.4.2 情绪展现   68

第6章 脚本撰写：4种类型

6.1 活动现场类脚本   **73**

6.1.1 脚本结构   73

6.1.2 脚本撰写   74

    6.1.3 案例 … 75
    6.1.4 脚本模板 … 78
  6.2 产品介绍类脚本 … **79**
    6.2.1 撰写脚本的注意事项 … 79
    6.2.2 脚本的重点内容 … 81
    6.2.3 案例 … 82
    6.2.4 脚本中的常用句式 … 83
  6.3 聊天互动类脚本 … **83**
    6.3.1 撰写脚本的目的 … 83
    6.3.2 脚本定位 … 84
    6.3.3 案例 … 85
    6.3.4 撰写脚本的注意事项 … 86
  6.4 视频传播类脚本 … **87**
    6.4.1 短视频脚本的内容 … 87
    6.4.2 短视频脚本的撰写要求 … 88
    6.4.3 撰写短视频脚本的注意事项 … 90

第7章 直播实施：4个阶段

  7.1 预热阶段 … **95**
    7.1.1 直播预告 … 95
    7.1.2 直播预热 … 96
  7.2 产品介绍阶段 … **98**
    7.2.1 开场方法 … 98
    7.2.2 产品介绍方法 … 100
    7.2.3 留人方法 … 102
  7.3 互动答疑阶段 … **104**
    7.3.1 互动策略 … 104
    7.3.2 答疑策略 … 105

7.4 收尾阶段 **107**

7.4.1 促单方式 107

7.4.2 催单方式 108

7.4.3 结尾方式 110

第8章 直播传播：4种方式

8.1 社交媒体传播 **115**

8.1.1 直播前传播 115

8.1.2 直播中传播 116

8.1.3 直播后传播 116

8.2 邀请合作伙伴传播 **117**

8.2.1 邀请网红参与直播 117

8.2.2 邀请专家参与直播 119

8.2.3 邀请名人参与直播 120

8.3 搜索引擎优化传播 **121**

8.3.1 直播标题与直播主题设置 121

8.3.2 直播关键词与热词设置 122

8.4 线下剪辑再传播 **123**

8.4.1 直播互动剪辑后传播 123

8.4.2 线下媒体传播 124

8.4.3 线下新闻报告传播 126

第9章 直播复盘：4个方面

9.1 运营数据复盘 **131**

9.1.1 转化率分析 131

9.1.2 回购率分析 132

9.1.3	粉丝量分析	133
9.1.4	销售额分析	135
9.1.5	点赞情况分析	136
9.1.6	留言量分析	137
9.1.7	观看情况分析	139
9.2	**运营内容复盘**	**141**
9.2.1	直播主题和直播目标	141
9.2.2	直播时间和直播时长	142
9.2.3	人员和设备	143
9.2.4	内容与策划	144
9.3	**宣传推广复盘**	**145**
9.3.1	方式与渠道	145
9.3.2	效率与效果	146
9.3.3	线上与线下	148
9.4	**运营效果复盘**	**149**
9.4.1	意见与建议	149
9.4.2	改进与优化	150

第1章
直播准备：4个事项

▶ ▶ ▶

1.1　选择平台：4 符合　/3

1.2　开通账号：4 步骤　/7

1.3　购置设备：4 大件　/10

1.4　分工到人：6 岗位　/12

1.1 选择平台：4符合

1.1.1 谁运营成本更低选谁

在选择进行农产品直播销售的互联网电商平台或内容平台时，需要充分考虑平台的运营成本，以及自身的经营情况和财务状况。一般来说，农产品直播销售主要涉及的平台运营成本如下。

1. 平台抽成

电商类的平台，主要有淘宝、天猫、京东、拼多多等。内容类的平台，主要有抖音、快手、小红书、哔哩哔哩等。大部分电商平台或内容平台会根据交易金额收取一定比例的费用作为平台服务费。这些平台为买卖双方提供交易撮合、支付、客服、物流等服务，以便买卖双方进行更加便捷、高效和安全的交易。

这些平台抽成的模式和比例不尽相同，通常情况下，抽成比例为 0～30%。各平台有不同的规则和标准，具体的平台抽成比例应以其官方说明为准。

一般来说，大型综合类电商平台的抽成比例相对较低。

平台抽成比例的高低和商品的品类也有一定关系，因为平台通常会根据商品的不同类目确定其抽成比例。高价格高价值高利润的商品一般抽成比例较高，大众化透明化刚需化的商品一般抽成比例较低。

需要注意的是，平台的具体抽成比例会根据商家等级、商品类别和销售额等的变化而有所调整。此外，平台抽成比例也与主播的人气和影响力有关，不同的人气和影响力可能会导致商品相同但抽成比例不同的情况。

2. 推广费

电商平台或内容平台上的推广费主要是指用在广告投放、粉丝引流、推广渠道等方面的费用。推广费是获得平台流量，提高销量的必要支出。

不同的平台有其不同的流量推广规则和营销活动规划，推广费的高低很难一言以蔽之，商家需要根据自身的需求和预算进行合理选择。

此外，平台的技术服务费，平台活动中的费用如运费补贴、优惠补贴、红包补贴等也属于推广费。

1.1.2 谁用户和流量更多选谁

选择用户数量多、流量大的平台可以提高农产品的曝光率，增加销售机会。

1. 用户数量

淘宝、天猫、京东等是大型电商平台，拥有庞大的用户数量，是广受欢迎和使用较广泛的电商平台，它们在用户数量方面具有非常强大的竞争力。

拼多多成立时间相对较晚，但短短几年间用户数量已十分庞大，其用户主要集中在三四线城市等下沉市场，它的这一特点与其他电商平台有所不同。拼多多通过低价商品、团购优惠和社交分享奖励等策略，成功吸引了大量价格敏感型和社交化购物的用户群体，且用户数量仍在持续增长。

抖音和快手是知名的短视频社交平台，以其独特的短视频形式吸引了大量的用户。这两个平台都致力于为用户提供丰富多样的短视频内容，从搞笑、美食、旅行到时尚、音乐等领域都有涉猎。它们通过社交互动、算法推荐等方式为用户提供个性化的内容体验，深受年轻人和社交媒体爱好者的喜爱。

2. 流量优势

淘宝拥有庞大的用户群体和巨大的流量优势，这为商家提供了广阔的市场。淘宝最开始以C2C模式为主，后来又引入了B2C模式，这也是它的一大优势。

天猫是阿里巴巴集团旗下的B2C电商平台，定位高端品牌和正品保证，并且致力于打造高品质的线上购物体验。由于其对品质和服务的严格要求，吸引了大量中高端用户群体，因此在流量质量上具有一定优势。而且天猫与其他阿里巴巴旗下的平台（如淘宝、支付宝）紧密合作，可以实现多渠道流量导入，即商家可以通过在其他阿里巴巴旗下的平台上进行推广和引流，增加店铺的曝光率和销售机会。

京东作为综合性的B2C电商平台，拥有庞大的用户基数和完善的物流体系。京东的注册用户数量多，用户覆盖面广，每月活跃用户数过亿。这意味着京东平台上有大量的潜在消费者，商家在京东平台上有更多的机会进行销售。

拼多多凭借其社交电商的特点，以及多样化的商品选择、低价策略、用户裂变效应和农村市场覆盖等流量优势，吸引了大量用户并迅速崛起为中国电商领域的主要竞争者之一。拼多多将社交元素与电子商务相结合，用户可以通过社交分享、邀请好友等方式获得更多优惠，这种社交化的购物方式吸引了大量用户。用户在购物过程中可以与好友互动、参与拼团等活动，从而增加了用户黏性。拼多多鼓励用户通过社交分享来获取更多的优惠，这种裂变效应可以快速扩大平台的用户规模。用户通过邀请好友注册、参与拼团等方式，不仅可以享受额外的优惠，还能帮助平台增加新用户。

抖音和快手都是社交平台，用户之间可以互动、评论、分享等。抖音、快手的流量优势与短视频社交是密不可分的。抖音和快手拥有庞大的用户基数，每天都有海量的用户活跃在平台上。如果产品可以引起用户的兴趣和共鸣，用户可能会主动分享给自己的朋友、家人，从而产生更多的口碑传播，带来更多的流量和销售机会。

1.1.3　谁支持力度更大选谁

1. 佣金优惠

平台通常会为新入驻的农产品商家提供一定期限的佣金折扣或减免政策，即新入驻的农产品商家在销售农产品时所支付的平台佣金会相对较低，降低了新入驻的农产品商家的销售成本。

2. 专属展位

为了提高农产品的曝光率，平台通常会为农产品商家提供专属的展位，使其产品能够更加醒目地展示给消费者。这些展位通常位于农产品专区或者首页，可以吸引更多用户浏览和购买。

3. 定制化推广

平台会根据农产品商家的需求和产品特点，提供个性化的推广服务。例如，通过定向广告投放、合作推广活动等方式，将农产品直接推送给潜在消费者，帮助农产品商家提高商品曝光率和销售转化率。

4. 物流支持

平台通常与物流公司合作，为商家提供快捷、可靠的物流配送服务。农产品商家只需将产品交给平台，由平台负责处理物流和配送事宜，从而降低了农产品商家的物流成本和运营风险。

5. 数据分析与支持

平台会提供销售数据分析工具和分析结果报告，帮助农产品商家了解市场需求、消费者行为等重要信息。农产品商家可以通过这些数据对所销售农产品的品类、介绍信息等内容进行优化调整，进而提高销售效果和消费者满意度。

1.1.4　谁客户购买力更强选谁

淘宝拥有庞大的用户基数，其用户涵盖了各个年龄段和社会群体。由于淘宝上的商品种类繁多，价格区间广泛，因此淘宝的用户既有高端奢侈品的购买者，也有追求实惠商品的购买者。

京东以正品保证、售后服务优质等优势，吸引了一部分追求品质和服务的消费者。京东的用户群体相对来说更加偏向中高端，购买力相对较强。

拼多多以优惠、团购、拼团等消费模式，吸引了一大批追求性价比的消费者。拼多多的用户多是中低收入人群和年轻人群。因此，拼多多上的商品相对价格更亲民，适合追求实惠购物的消费者。

抖音的用户更多的是年轻人，尤其是"90后"和"00后"。抖音的用户也有一定的购买力，但相对来说，其更注重时尚、个性化和社交体验。因此，抖音上的商品多与潮流、美妆、服饰等相关，以吸引年轻人的关注。

快手的用户也以年轻人为主，尤其是三四线城市和农村地区的年轻人。相对于抖音来说，快手用户的购买力更低一些，更注重实用性和娱乐性。因此，快手上的商品多为日用品、农产品、特色小吃等，更适合中低收入人群的消费需求。

需要注意的是，以上仅是对消费者群体的一般描述，实际情况还会受到地域、年龄、收入等因素的影响，不同平台的消费者群体也存在重叠和变化。

1.2 开通账号：4步骤

1.2.1 账号注册

农产品直播销售是一种利用网络平台，将农产品的种植、加工过程及品质等信息直观地展示给消费者，从而提高销量和收入的新型销售方式。在开始农产品直播销售之前，需要注册一个直播账号，这是进入直播平台的基本条件。注册账号的步骤相对简单，但需要注意以下几点。

1. 选择适合自己的平台

目前，市场上有很多提供农产品直播销售服务的平台。这些平台一般都有较高的知名度和影响力，拥有庞大的用户群体，对农产品直播销售有较强的支持力度和保障措施，可以为商家提供更多的流量和资源。同时，这些平台也有较为完善的监管制度，可以有效防止欺诈、侵权、假货等现象，维护商家和消费者的合法权益。

选择平台时，除了要考虑平台的知名度和影响力，以及平台对农产品直播销售的支持力度和平台的受众特点外，还要考虑平台的定位和风格。不同的平台有不同的定位和风格，例如，有的平台更偏向娱乐、社交、潮流，有的平台更偏向专业、实用、品质等。商家需根据自己的农产品的特点、优势、目标市场等因素，选择最适合自己的平台，以确保直播的效果和转化率。

2. 仔细阅读平台的使用条款和协议

在注册账号前，需要仔细阅读平台的使用条款和协议，了解平台的相关规定，如账号的使用规范、直播的内容要求、收益的结算方式、纠纷的处理机制等。如有不清楚或不理解的地方，需及时联系平台客服人员进行询问，避免给后期直播销售造成不必要的麻烦。同时，也要注意保护自己的隐私和版权，不要随意泄露或授权他人使用自己的账号和直播内容，以免造成损失或纠纷。

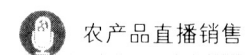

3. 提供准确的个人信息

在注册账号时,需要填写一些基本的个人信息,包括但不限于手机号、邮箱、密码等信息。这些信息是平台对主播进行认证和管理的依据,也是消费者认可和评价主播的参考。

注册账号时所填写的信息有必填项信息和选填项信息两种,填写必填项信息时务必认真严谨,不要填写虚假或不完整的信息,否则可能会影响账号的审核和使用。

4. 定期检查、更新账号信息

为了确保账号安全,建议定期检查账号信息,定时更换密码,并使用安全的邮箱和手机号进行多重验证,以防账号被盗用,造成不必要的损失或麻烦。

同时,也要注意及时更新自己的直播内容和资料,与平台和观众保持良好的沟通和互动,提高自己的知名度和口碑,增加粉丝数量和销量。

1.2.2 完善资料

注册账号后,需要立即完善个人资料,包括头像、昵称、简介和背景图等。通过头像和昵称可以展示商家的形象和风格,通过简介和背景图可以让观众更好地了解商家及其特色。因此,完善资料是进行农产品直播销售非常重要的一步。在完善资料时,需要注意以下几点。

1. 资料内容真实、简洁、有吸引力

在填写资料时,需要确保资料真实,不要随意编造或夸大信息,以免造成观众的误解或不信任。同时,资料内容应简洁、有吸引力,要突出自己的优势。

头像要选择清晰、美观的照片,最好是真实照片,或者与农产品相关的照片,以体现专业性和诚信度。昵称要简短易记,最好能体现商家的特色或农产品的特点,如"果农小王""蔬菜达人""花卉玩家"等,以便观众记忆。简介要突出商家的特点和优势,如介绍农产品的种植方法、加工方式、品质等信息,以及直播风格、特色、亮点等,让观众对商家有更全面的了解。

2. 头像和背景图要有吸引力

头像和背景图是商家在直播平台的门面,设置有特点的头像和背景图是吸引观众的

重要手段。头像和背景图可以选择与农产品相关的图片或场景,以展示农产品的特点和品质。例如,农产品是水果,可以选择一些新鲜、多彩的水果图片作为头像和背景图。农产品是花卉,可以选择一些色彩艳丽的花卉图片作为头像和背景图。此外,也可以选择用水果或鲜花的种植基地或加工车间的照片作为头像和背景图。

总之,头像和背景图要能够吸引观众的注意力,让观众产生好感和兴趣。

3. 结合自身农产品的特性,突出自己的特点和优势

不同的农产品其市场和受众也不同,如有的农产品更适合年轻、时尚的消费者,有的农产品更适合中老年人、有养生保健需求的消费者。

主播要根据自己的农产品的特性,做好定位,以提高直播的效果和转化率。例如,如果自己的产品是有机、绿色的农产品,可以将自己定位为专业、负责的主播,选择严谨、实用的风格,以吸引对品质、环保有要求的消费者。如果自己的产品是有特色的农产品,可以定位为时尚、前卫的主播,选择轻松、有趣的风格,以吸引对潮流、创意有兴趣的消费者。

1.2.3 实名认证

为了保障网络直播的合法性,各网络平台都需要进行实名认证。在认证过程中,需要提供真实的身份信息,如身份证的照片等。实名认证后,账号可以获得更多的直播权限和更高的信任度。同时,账号首页一般会有已实名认证的标识,这一标识也可以提高观众的信任度和参与度。

实名认证的步骤因平台而异,但都需要提供身份证照片或其他证明文件。在提供身份信息时,需要确保信息的真实性和准确性,并遵守相关法律法规和平台规定。

在进行实名认证时,需要注意保护信息的安全,避免信息泄露。同时,也需要按平台要求认真核对平台提供的认证信息,确保提供的身份信息真实有效,一定要按照平台审核规则进行填写。

1.2.4 开通直播

完成以上所有步骤后,商家就可以开通直播功能了。商家在直播过程中,需要遵守

相关法律法规和平台规定，避免涉及不良内容或行为。同时，也需要认真准备直播内容，包括农产品介绍、推销方式等，以吸引更多的观众。

为了提高直播效果和观众参与度，主播可以在日常直播中通过问答或抽奖等方式，与观众进行互动和交流。此外，主播还可以通过引导观众将直播间分享到社交媒体等方式增加直播间的曝光度。

1. 直播过程中的注意事项

（1）要保持直播画面的清晰度和稳定性，避免出现卡顿、模糊等情况。

（2）要选择合适的背景和场地，以突出农产品的特点和品质。

（3）要注意语言表达和推销技巧，避免过于直销或虚假宣传。

（4）要遵守相关法律法规和平台规定，不涉及不良内容或行为。

（5）注意直播时间和频率的安排，以便更好地吸引观众。

2. 直播结束后的注意事项

（1）要不断复盘检查，确保直播内容和农产品特点的匹配度，为下次直播做好准备。

（2）要注意观众反馈和评价的收集与处理，及时解决观众的问题和疑虑。

（3）要合理利用平台提供的营销工具和推广渠道，提高直播间的曝光度和观众的参与度。

（4）要不断学习和提升自己的专业知识和技能，以提高直播质量和效果。

1.3 购置设备：4大件

1.3.1 手机或计算机

手机或计算机是农产品直播销售最常用的设备之一。选择一款性能良好且适合直播的手机或计算机，可以大大提高直播的质量和效果。

选择手机时，应选择摄像头像素高、运行速度快、电量持久的手机。还要注意手机操作系统的兼容性和扩展性，以确保直播的稳定性和流畅性。

选择计算机时，应选择配置较高、兼容性好的计算机，以确保直播的稳定性和流畅性。例如，可以选择搭载较高性能操作系统的计算机，并配备较好的处理器、内存和硬盘等硬件。同时，还需要注意计算机的扩展性和便携性，以便携带。

1.3.2 摄像设备

为了拍摄高质量的视频和照片，建议购置专业的摄像设备。专业的摄像设备可以大大提高直播的画面质量，使观众能够更好地观看农产品的细节。

选择摄像机时，建议选择具有高清晰度、高敏感度和快速对焦功能的摄像机。还要注意摄像机的操作简便性和便携性等特点，以便随时随地拍摄农产品。此外，还要考虑摄像机配件的选择，如镜头、三脚架、稳定器等，以便拍摄出更稳定的画面。

选择相机时，则需要选择像素高、操作方便的相机。还要根据农产品的特点和拍摄需求选择合适的镜头和拍摄模式，以便更好地捕捉农产品的特点和细节。

拍摄农产品时，除需使用专业的摄像设备外，还需考虑拍摄环境和光线，以及合适的拍摄角度和构图方式，以便更好地展示农产品，吸引更多观众的关注。

1.3.3 麦克风

麦克风是农产品直播销售必不可少的设备之一，它可以将主播的声音清晰地传给观众，让观众更全面地了解农产品的细节和特点，从而增强观众的购买意愿，此外，还可以提高直播的互动性和观众的参与度，因此，选择一款音质清晰、灵敏度高的麦克风是非常重要的。

选择麦克风时，应选择音质清晰、灵敏度高、抗干扰能力强的麦克风。例如，选择带有数字信号处理功能的麦克风，既可以提高音质，还可以降低噪声干扰。

使用无线麦克风时，还需要考虑电池的续航能力和信号稳定性等，以确保直播的顺利进行。此外，在选择麦克风时，还需要注意它的连接方式和使用寿命等，以便更好地满足直播需求和提高直播质量。

1.3.4 专业的照明设备

专业的照明设备是农产品直播销售过程中提高直播效果的重要设备之一。它可以增

加画面的层次感和立体感，更好地向观众展示农产品的细节和特点，还可以营造舒适的购物环境，吸引更多观众的关注。

布置灯光时，应注意光线、亮度、色温等。可以用LED（发光二极管）灯珠式灯具作为主光源和辅助光源，增加画面的层次感；用柔光箱等设备柔化光线，增加画面的柔和度；用三基色灯强化画面色彩。

不同类型和数量的照明设备可以打造出不同的直播效果，直播时需要根据农产品的类型和个人喜好选择适合的灯光布置方案，以便更好地展示农产品的特点，提升直播效果。

 分工到人：6岗位

1.4.1 主持人/主播

在农产品直播销售过程中，主持人/主播不仅需要具备一定的口头表达能力，还需要对农产品有深入的了解，以便在直播过程中向观众介绍农产品的特点、用途和价值。

主持人/主播需要在直播前进行充分的准备，包括了解将要介绍的农产品、研究竞争对手、准备讲稿等。在直播过程中，主持人/主播需要以热情、亲切的态度与观众互动，并不断推介农产品。同时，还需要对观众的问题进行解答，以便让观众对农产品有更全面的了解。

1.4.2 摄像师/编导

摄像师/编导需要掌握一定的摄影和视频制作技能，可以拍摄出高质量的视频。

摄像师/编导需要在直播前进行充分的准备，包括选择合适的拍摄地点、布置拍摄场景、设计销售顺序等。在直播过程中，他们需要按照主播的节奏切换直播镜头，并确保画面稳定、清晰。

1.4.3 灯光师/音效师

灯光师/音效师需要具备一定的专业技能，可以在直播过程中确保声音和灯光的

效果。

灯光师/音效师需要在直播前进行充分的准备，包括选择合适的灯具和音响设备、调整设备参数等。在直播过程中，他们需要专业、精准地对灯光和声音进行调整和控制，并确保灯光效果和音频质量达到最佳。

1.4.4　媒体运营人员

媒体运营人员需要具有一定的媒体运营经验和技能，可以在直播过程中进行有效的推广和运营。

媒体运营人员需要在直播前进行充分的准备，包括制订推广计划、制作宣传海报、发布预告等。在直播过程中，他们需要高效、灵活地进行推广和运营，以吸引更多的观众参与直播互动。同时，他们还需要对直播数据进行监测和分析，以便不断优化推广和运营策略。

1.4.5　技术人员

技术人员需要具有一定的技术技能和经验，可以在直播过程中解决可能出现的技术问题。

技术人员需要在直播前进行充分的准备，包括检查直播设备和网络环境、安装和测试直播软件等。在直播过程中，他们需要快速、准确地解决直播中出现的技术问题，确保直播顺利进行。

1.4.6　客户服务人员

客户服务人员需要具有一定的服务意识和经验，可以在直播过程中为观众提供优质的服务。

客户服务人员需要在直播前进行充分的准备，包括了解农产品的特点和价值、准备常见问题的应答等。在直播过程中，需要以热情、耐心的态度回答观众的问题、处理观众的投诉和建议等；同时，还需要对观众的建议进行总结和分析，努力改进和优化服务策略，以满足不断变化的市场需求，提高客户满意度，为团队的发展贡献力量。

第 2 章
产品选择：4 条准则

▶ ▶ ▶

2.1　农产品选得好，才有可能卖得好　/17

2.2　搭配起来销售，重新包装后销售　/21

2.3　寻找特色产品，或进行独家销售　/24

2.4　选择应季产品，随着季节进行销售　/27

2.1 农产品选得好，才有可能卖得好

2.1.1 一看产量：在产量高与低之间抉择

在选择适合直播销售的农产品时，需要综合考虑其产量，产量过低或过高都可能对直播销售产生负面影响。

1. 产量过低

产量过低可能会导致供不应求，这种情况不仅会让消费者感到失望和不满，还会影响商家的口碑和信誉。因此，确保农产品的供应至关重要。

2. 产量过高

产量过高可能会导致农产品积压，增加直播的压力。处理过剩的农产品不仅会增加运营难度，还可能因降低价格而影响利润。因此，在选择直播销售的农产品时，需要充分考虑市场规模和潜在需求。

3. 寻求产量平衡

一般而言，选择产量适中的农产品，既能保证直播的供应，满足销售需求，又能避免由于产量过多而引起库存问题。具体的产量选择应根据直播的目标、规模和目标市场的特点等来确定。

例如，如果直播的主要目标是打造品牌效应，提高知名度和影响力，那么可以选择产量较低但品质较高、有特色和优势的农产品。这样的产品更容易引起消费者的关注和兴趣，有助于建立品牌形象。相反，如果直播的目标是实现销量和利润的最大化，可以选择产量较高、价格较低却有竞争力的农产品，以吸引消费者购买，促进直播转化。

因此，农产品产量的选择需要根据供需平衡、市场规模和直播目标等方面进行综合考虑，以确保直播销售的顺利进行并取得良好的市场效果。

2.1.2 二看产地：特殊产品源于特殊产地

不同产地的农产品其品质、价格等都有所不同。因此，在选择直播销售的农产品时，必须充分考虑产地的因素，尽可能选择具有特殊产地的农产品，以提高直播的吸引力和竞争力。特殊产地的农产品通常具备以下显著特点。

1. 地理标志或原产地保护认证

地理标志或原产地保护认证可以提升农产品的价值，消费者更愿意购买具有明确产地认证的农产品，因为有产地认证说明其是经过验证的高品质农产品。

2. 特定的生长环境和生产条件

特殊产地的农产品在独特的地理环境下生长，因此拥有优良品质和独特风味。这满足了消费者对品味和品质的需求，使其在市场中更具竞争力。

3. 深厚的历史文化和民俗传统

具有深厚历史文化和民俗传统的农产品可引发消费者的好奇心和共鸣。深厚的历史文化和民俗传统不仅为农产品注入了独特的文化价值，还促进了消费者与产品之间的情感连接。例如，云南的普洱茶、新疆的哈密瓜、山东的寿光蔬菜等，都是具有特殊产地认证的农产品，它们的独特性使其成为农产品直播销售的理想选择。

因此，农产品产地的特殊性对于农产品直播销售的成功与否至关重要。独特产地的农产品不仅能够提升直播的吸引力，满足消费者对高品质农产品的需求，还能为直播销售活动注入更多的市场价值。

2.1.3 三看区域：销售半径能覆盖的范围

不同区域的消费者其消费习惯、消费水平和消费需求等也各不相同。在选择适合进行直播销售的农产品时，必须充分考虑地域的影响，尽量选择具有较大销售半径的农产品，以扩大直播的覆盖范围和影响力。

销售半径是指农产品能够销售的地理范围。影响农产品销售半径的因素如下。

1. 保鲜性和耐储性

保鲜性和耐储性直接影响农产品运输和存储的难易程度，从而影响其销售半径。通常而言，保鲜性和耐储性越高的农产品，其销售半径越大，因为它们保鲜时间长且易于存储。

2. 物流成本和效率

农产品的运输方式、配送费用和时间直接影响其销售半径。物流成本低且效率高的农产品，其销售半径通常较大，因为其运输更为经济高效。

选择合理运输距离的农产品能够减少运输损耗，保障产品的数量和质量。这不仅提升了农产品的信誉，还有助于确保产品在市场上的竞争力。

在实际应用中，农产品的合理运输距离分为近距离、中距离、远距离等不同等级。然而，具体的距离选择必须基于农产品的保鲜性、耐储性、物流成本等多方面因素的综合考虑。

3. 消费偏好和需求

一般而言，消费偏好和需求越广泛的农产品，其销售半径越大，因为它们更能迎合不同地区的多样化需求。

例如，干果、蜜饯、茶叶等农产品具有较高的保鲜性、耐储性，以及适应性强的消费偏好，都是具备较大销售半径的农产品，非常适合用于直播销售，能够更好地满足不同地区消费者的需求，实现销售的多元化拓展。

2.1.4　四看特色：是否有特色或是特产

在选择适合进行直播销售的农产品时，务必深入考虑农产品的特色因素，并尽量选择那些有明显特色或属于特产范畴的农产品，以增加直播的亮点和卖点。农产品的特色主要表现在以下方面。

1. 外观特色

外观包括形状、颜色、大小、质感等。例如，草莓鲜红的颜色、香蕉独特的形状、西瓜清晰的条纹等都是能够吸引注意力的外观特色。

2. 品质特色

品质包括口感、营养价值、安全性等。例如，苹果的酸甜口感、牛奶的蛋白质含量、有机蔬菜的无农药特性等都是具有吸引力的品质特色。

3. 功能特色

包括多样化的用途、独特的价值等。例如，枸杞药食同源的特点、花卉的观赏价值、萝卜在祛寒方面的作用等都是农产品功能特色的表现。

4. 文化特色

涉及农产品的历史渊源、文化传承、传说故事等。例如，龙眼的寓意、葡萄酒的传统制作工艺等都属于文化特色。

在农产品直播销售过程中，有特色的农产品更容易在竞争激烈的市场中脱颖而出。因此，选择那些具有明显特色或属于特产范畴的农产品，不仅能够提高直播的吸引力，还能够为直播销售活动注入更多创意元素，使其更具个性化和独特性，进而增强观众的购买欲望和信任度。

2.1.5 五看季节：销售应季农产品

农产品的季节性影响农产品的供应量和价格等。因此，在选择直播销售的农产品时，应尽量选择与季节相匹配的农产品，以提高直播的时效性和适应性。与季节相匹配的农产品通常具有以下显著特点。

1. 季节性供应

应季的农产品符合农产品的自然生长规律，保证了农产品的新鲜度和品质，满足了消费者对于应季农产品的期待和需求。因此，选择季节性供应的农产品有助于提高直播销售的实时性。

2. 季节性价格

应季的农产品供应量较大，其价格相较其他季节时较低，更适合大部分消费者。

3. 季节性功能

季节性农产品能够根据自然规律和市场需求，在特定时间段内集中上市，从而调节市场供需平衡。另外，季节性农产品通常具有较短的供应链条和较少的加工环节，有助于减少食品在运输、储存过程中的污染和变质风险，更符合消费者的健康需求。

2.1.6　六看品质：产品的品质标签

不同的品质会影响农产品的口感及外观等。在选择直播销售的农产品时，应充分考虑品质因素，尽量选择具有多种品质标签的农产品，以确保农产品的质量，提高直播的信誉。农产品的品质标签如下。

1. 权威认证

这类农产品经过权威认证，证明其安全，符合国家相关标准。有权威认证标签的农产品更容易赢得消费者的信任，这为直播销售提供了坚实的基础。

2. 科学检测

通过对农产品进行科学检测，可以了解其营养成分，以及是否有重金属或农药残留等有科学检测报告的农产品更容易获得消费者的认同。

3. 精致包装

通常精心设计的包装，可以提高农产品的精致度，有助于在农产品直播销售中进行农产品展示，有精致包装的农产品更容易吸引观众的关注。

例如，绿色食品、有机食品、地理标志、无公害等标签都属于产品的品质标签。有品质标签的农产品，不仅能够凭借权威认证提升农产品的可信度，还能通过科学检测展现农产品的高品质特性，同时精致的包装也为农产品增加了卖点。

2.2　搭配起来销售，重新包装后销售

2.2.1　产品销售定位选择

产品销售定位的目的是让农产品在众多同类产品中脱颖而出，吸引和留住目标消费

者，提高农产品的市场占有率。

在淘宝、京东、拼多多、抖音、快手等平台上销售农产品，需要根据平台的要求和用户群体的特点，制定合适的产品销售定位策略。一般来说，可以从以下方面考虑。

1. 农产品的品质

农产品的品质是农产品销售的基础，也是消费者最关心的问题。农产品要保证无农药残留、无添加剂、无污染，且新鲜、有营养价值，最好有相关的质量检测和认证证明，让消费者可以放心购买。

2. 农产品的品种

农产品的品种是农产品销售的核心。农产品的品种不同，其口感和风味也不尽相同。直播销售时，可突出农产品的品种优势，让消费者对其产生兴趣。

3. 农产品的包装

精美的包装是吸引消费者眼球的重要手段。农产品的包装要精美且有创意，要符合消费者的审美，要有适合不同场景和用途的包装形式，以满足消费者的需求。

4. 价格策略和促销活动

价格策略和促销活动是农产品销售的策略，也是影响消费者购买行为的重要因素。农产品直播销售要根据不同平台的规则和特点，结合消费者的心理和需求，制定相应的价格策略和促销活动。促销活动包括折扣、优惠券、赠品、积分、返现等方式。

2.2.2 "1+1"搭配销售原则

1. 明确的目的和定位

"1+1"搭配销售策略并不适用于所有的农产品，应根据所售农产品的特点和市场需求，确定"1+1"搭配销售的目的和对象，如清理库存、提高知名度、抢占市场份额等，以及针对哪些消费者群体、哪些消费场景等。

2. 合理的搭配

在进行"1+1"搭配销售前，应根据农产品的品种和特色，结合农产品的口感、风味、营养价值、文化内涵等，对其进行合理的搭配。

（1）同类搭配。将同一类别的农产品进行搭配，如水果+水果、蔬菜+蔬菜、肉类+肉类等，同类搭配可以使农产品销售组合的品种更丰富，也可以满足消费者多样化的消费需求。

（2）异类搭配。将不同类别的农产品进行搭配，如水果+蔬菜、肉类+水果、蔬菜+肉类等，异类搭配可以满足消费者均衡营养的消费需求。

3. 合适的价格策略和促销活动

进行"1+1"搭配销售前，应根据不同平台的规则和特点，结合消费者的心理和需求，制定相应的价格策略和促销活动。

（1）买一送一。就是消费者购买某样农产品，商家再免费赠送其等量的同样农产品。买一送一可以增加销量，还可以激发消费者的购买欲望。

（2）买一赠一。就是消费者购买某样农产品，商家再免费赠送其等量或等价的相同或完全不同的农产品。

（3）买减活动。就是消费者购买某样农产品，就可以享受另一样农产品的优惠价格或总价有相应的优惠。

（4）买一换一。就是消费者购买某样农产品，就可以在一定的时间内以超低价格换购另一件相同或者不同的农产品。

2.2.3 重新包装

1. 重新包装的情况

（1）如果农产品获得了无公害农产品、绿色食品、有机农产品等认证，那么在销售时，需要重新包装，标注相应的标签和发证机构。

（2）如果农产品是从其他地区或国家进口的，那么在销售时，需要重新包装，并标注产地、生产者或者销售者名称、生产日期等信息。

（3）如果农产品是畜禽及其产品、属于农业转基因生物的农产品，那么在销售时，需要重新包装，并按照有关规定进行标识。

（4）如果农产品是通过不同渠道销售，那么在发货时，可能需要重新包装，以使其

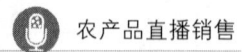

符合相应渠道的物流要求。

2. 重新包装的原因

（1）保证农产品的质量安全。重新包装可以防止农产品在运输、储存、销售过程中出现污染、变质、损坏等情况，保证农产品的新鲜度、卫生度、完整度等品质指标，保护消费者的健康和权益。

（2）提升农产品的附加值。重新包装可以提高农产品的外观形象，提高农产品的吸引力和识别度，进而提高农产品的销售量。

（3）适应农产品的销售渠道。重新包装可以满足不同销售渠道的要求，如符合电商平台的物流要求、符合商超的陈列规范等，增加农产品的销售范围。

（4）遵守农产品的相关法规。农产品的包装应遵循相关的法律法规，如标注相应的质量标识、产地信息等。

2.3 寻找特色产品，或进行独家销售

2.3.1 特色农产品的特点

1. 特定区域

特色农产品是指产地具有一定的地理范围，与该区域的自然环境、人文历史、生产技术等有密切的联系，形成了独特的区域特色。

特定区域的特色农产品可以反映出该区域的气候、土壤、水源、生物、风俗、历史等特点，也可以体现出该区域的农业发展水平、生态保护意识、文化传承精神等特色。

特定区域的特色农产品可以提高该区域的知名度和美誉度。

2. 特殊品质

特色农产品大多品质优良，且具有一定的品质标准，使其更符合消费者对农产品健康安全、营养美味等的需求。特色农产品大多经过质检和认证，且其在形状、色泽、口

感等方面独具特色。特色农产品的市场竞争力较强，很受消费者喜爱。

3. 独特风味

有的特色农产品因其处理工艺、制作方法等的不同，使其具有独特的风味特色。具有独特风味的特色农产品更具市场竞争力。

4. 高附加值

高附加值的特色农产品通常具有稀缺性、创新性、独特性、优越性等特点，且具有一定的市场竞争力，更能满足消费者对价值、情感等的需求。

2.3.2 特色农产品的寻找

1. 通过网络寻找

可以通过搜索引擎、社交媒体、行业报告等渠道，获取特色农产品的市场动态、消费趋势、用户评价等信息，分析特色农产品的市场潜力和竞争优势，选择适合商家目标市场和客户群体的特色农产品。

2. 通过优质供应商寻找

可以通过电商平台、农业协会、农业展会、农业扶贫项目等方式，联系特色农产品的生产商或经销商，了解他们的产品品质、价格、产量、物流等情况，选择信誉良好、服务优质、价格合理的供应商，建立稳定的合作关系。

2.3.3 特色农产品的销售

销售特色农产品前，需要综合考虑市场、产品、渠道、品牌、服务等因素，不同的特色农产品可能需要采用不同的销售策略。一般来说，销售特色农产品应该注意以下几方面。

1. 了解市场需求和消费者偏好

销售特色农产品的前提是要有市场和消费者的需求。因此，要通过市场调研、网络搜索、社交媒体、行业报告等方式，了解特色农产品的市场规模、竞争情况、相关风险等信息，分析消费者的需求、喜好、消费能力等，定位特色农产品的市场价值和竞争优势，找准目标市场和目标客户。

2. 提升产品品质和安全性

销售特色农产品的核心是要有优质的特色农产品。因此，要从源头抓起，按照绿色、生态、有机、无公害等标准，选择优良的种苗、饲料、肥料等，采用科学的种植、养殖、采收、储运等技术，保证特色农产品的品质、口感等，同时，要严格遵守国家和行业的相关法规和标准，对其进行质检、认证，保证特色农产品的安全性、合法性、可追溯性等。

3. 创新产品形式和功能

特色农产品的产品形式需要根据市场和消费者的变化而变化，要不断创新特色农产品的形式，如调整规格、设计包装、改变加工工艺等，增加特色农产品的附加值，以满足消费者多元化、高品质化的需求，从而提高特色农产品的市场占有率。

4. 塑造品牌形象

可以通过包装设计、宣传推广、用户体验等方式，塑造特色农产品的品牌形象，突出特色农产品的区域特色、品质特色、风味特色、文化特色等，提升特色农产品的知名度和美誉度，以吸引和留住消费者。

5. 选择合适的销售渠道和方式

要根据特色农产品的特点和市场的情况，选择适合的销售渠道和方式，如批发市场、超市、农贸市场、专卖店、电商平台、微商、直播、社区团购等，提高特色农产品的销售量。

6. 提供优质的售后服务和客户关系管理

销售特色农产品的同时，要提供优质的售后服务，维护好与消费者的关系。可以通过电话、短信、邮件、微信、QQ、微博等方式，与消费者保持良好的沟通和联系，及时了解消费者的反馈、建议、意见、投诉等，并为其提供满意的解决方案，提高消费者的满意度和信任度，从而实现消费者对特色农产品的复购和增购。

2.4 选择应季产品，随着季节进行销售

2.4.1 销售应季农产品

"季节出产什么，就销售什么"，就是说农产品的销售应该根据农产品的生产季节和市场需求进行调整。农产品的供应受季节变化的影响，而农产品的价格受供需关系的影响。一般来说，农产品的价格与供需关系成反比，当农产品供应量大于需求量时，价格下降；当农产品供应量小于需求量时，价格上涨。

因此，农产品的销售应根据农产品的生产季节和市场需求进行合理安排，以求实现最佳的销售效果。

例如，水果是一种典型的季节性农产品，不同的水果有不同的生长周期和上市时间。如果在水果的上市旺季，市场上水果的供应量大、价格低，那么销售水果的利润就相对较低，甚至可能出现亏损的情况。如果在水果的上市淡季，市场上水果的供应量小、价格高，那么销售水果的利润就会提高，甚至可能出现暴利的情况。因此，水果的销售应该根据水果的生产季节和市场需求，选择合适的品种和数量，以及合理的价格和营销策略，以提高水果的销售效率和利润。

农产品的季节性规律不仅影响农产品的价格，还影响农产品的品质、口感和安全性。因此，进行农产品直播销售前，应该了解不同农产品的季节性特点，选择应季的农产品，为消费者提供优质、健康、美味的农产品，进而提高商家的信誉和客户的满意度。

2.4.2 销售应季农产品的注意事项

1. 了解不同农产品的生产季节和市场需求，选择适合当季销售的农产品，避免选择过早或过晚上市的应季农产品，因为这种农产品可能品质不佳，或价格不合理，或有较多的农药残留。

2. 根据店铺定位和客户群体特点，选择农产品的品种和数量，以满足不同的消费需求和偏好。例如，如果客户群体主要是高端客户，则选品时不需要考虑价格，可以选择一些品质优良、口感鲜美，但价格较高的农产品；如果客户群体主要是大众客户，则可以选择一些品质稳定、价格适中、口感良好的农产品。

3. 根据销售渠道和农产品的特点，选择农产品的包装方式和运输方式，以保证农产品的新鲜度和安全性。

4. 根据市场调研结果，结合农产品的特点，可以将不同的农产品进行组合销售，并进行促销活动，以提高农产品的销售量。

2.4.3 销售反季节农产品的注意事项

1. 保证农产品的质量

反季节水果也有其地域特征和生长条件，应该选择合适的品种和来源，以及合理的保鲜和保存方法，确保产品的品质和口感。

2. 价格要合理

反季节水果的价格受市场供需关系的影响，应该根据成本和同类产品的市场行情，合理定价，既要吸引消费者，又要保证自身的利益。

3. 包装要精美

包装是产品的"门面"，也是传递产品信息和品牌形象的重要途径。应该选择符合产品特点和消费者喜好的包装材料和设计，既能保护产品，又能突出品牌的特点。

4. 推广要有创意

反季节水果的推广和营销需要有针对性和创新性。应该根据自己的目标市场和消费者群体的特点，选择合适的推广渠道和方式，如社交媒体、直播、短视频等，利用图片、文字、视频等，展示农产品的特点，以吸引消费者的关注。

第3章
主播培育：4种选择

3.1 主播寻找：3个渠道 /31

3.2 制定规范：3个标准 /35

3.3 组建团队：3个角色 /40

3.4 培养主播：3个定位 /42

3.1 主播寻找：3个渠道

3.1.1 从开户平台上寻找

农产品直播销售前，商家可以从众多提供直播销售服务的互联网平台中选择开户平台。各互联网平台都有大量的主播资源，其中就包含与农产品直播销售相关的专业主播，他们有丰富的直播经验、粉丝基础和销售能力，可以为农产品带来更多的曝光率。

从开户平台上寻找农产品直播销售主播，是一种快速有效地寻找农产品直播销售主播的方式，其步骤和注意事项如下。

1. 从开户平台找主播的步骤

（1）主播信息收集与整理。在开户平台上，输入与所售农产品相关的关键词，如脐橙、蜂蜜、茶叶等，找出相关的直播间，记录主播的直播昵称、直播链接、房间号、直播内容、直播数据等信息，整理后备用。

（2）主播信息筛选与评估。根据合作要求和预算，对主播信息进行筛选和评估，主要考虑主播的风格是否符合所售农产品的定位，主播的水平是否能达到要求，直播的效果能否达到预期，主播的费用是否在预算内等。在筛选和评估过程中，可以参考主播的直播内容、直播数据、观众反馈等信息，也可以与主播进行初步沟通，了解他们的合作意向和条件。

（3）与主播联系与洽谈。筛选符合条件的主播后，主动与其联系，进行正式的合作洽谈，主要讨论以下几个方面。

1）合作方式。合作方式包括是单次合作还是长期合作，是独家合作还是非独家合作，是直接合作还是通过平台合作等。

2）合作费用。合作费用包括是一次性付款还是按销售额分成，是包含物流费用还是不包含物流费用，是包含平台佣金还是不包含平台佣金等。

3）合作内容。合作内容包括是主播自主设计还是为其提供方案，是主播自己采购还是为其提供,是主播自己发货还是由商家发货等。

4)合作时间。合作时间包括直播时间、直播频率、直播时长等。

在与主播洽谈的过程中,要注意保持诚信,不要随意改变或违背与其的约定,同时也要注意保护自身的利益,不要轻信虚假的承诺和优惠,不要随意付款。

(4)合作关系确定与执行。与主播达成一致后,要及时签订正规的合作合同,明确双方的权利和义务,保障双方的合法权益,同时也要按照合同内容做好产品、物流、售后等方面的工作,与主播保持良好的沟通和协作,确保合作顺利进行和有效执行。

在合作的过程中,要注意监督和评估主播的直播表现和销售情况,及时给予反馈和建议,也要注意收集和分析观众的意见和需求,为后续的合作改进和优化提供参考和依据。

2. 从开户平台找主播的注意事项

(1)在选择开户平台时,要考虑平台的规模、口碑、流量、稳定性等因素,避免选择不规范、不可靠的平台,以免造成损失和风险。

(2)在搜索直播间时,要注意区分真实的直播和录播,避免被可能存在的虚假流量数据和内容误导,同时也要注意保护个人的隐私和安全,不要随意透露个人信息和联系方式。

(3)在互动评论时,不要发表不文明、不友善、不合法的言论,避免引起主播和观众的反感和抵制,同时也要注意网络诈骗和欺诈,不要轻信虚假的承诺和优惠,不要随意付款。

(4)在联系主播时,要保持诚信,不要随意违约和毁约,避免造成不必要的纠纷和损失,同时也要注意签订正规的合作协议,明确双方的权利和义务,保障双方的合法权益。

3.1.2 从其他平台上寻找

除了在常用的直播销售平台上寻找合适的主播外,还可以从其他平台上发掘有潜力的主播。这些平台包括社交媒体、短视频平台、电商平台等,它们都有大量的用户,其中一些用户可能具备直播销售的能力和意愿,只是缺乏机会。在其他平台上寻找主播,可以扩大选择范围，提高找到合适主播的可能性。

1. 从其他平台上寻找主播的技巧

（1）选择对所售农产品宣传力度大的平台。不同的平台有不同的特色和定位，选择对所售农产品宣传力度大的平台，可以提高寻找主播的效率。例如，如果销售的农产品是水果，可以选择一些专注于美食、健康等主题的平台；如果销售的农产品是花卉，可以选择一些专注于生活、家居等主题的平台。

（2）关注主播的内容质量和互动能力。从其他平台上寻找主播，不仅要看主播的粉丝量和播放量，还要看主播的内容质量和互动能力。内容质量主要指主播的内容是否有创意、有价值、有吸引力，是否能够展示自己的个性和风格，是否能够引起用户的兴趣和关注。互动能力主要指主播是否能够与用户进行有效的沟通和交流，是否能够及时回答用户的问题和疑惑，是否能够激发用户的情感、引导其行动等。这些因素都会影响主播在直播销售中的表现。

（3）考察主播的信誉和口碑。从其他平台上寻找主播，还要考察主播的信誉和口碑。信誉主要指主播是否诚实、可靠、专业，是否能够遵守平台的规则和约定，是否亲自检验所推荐产品的质量和服务。口碑主要指主播是否被用户认可或获得用户好评，是否有个人形象和忠实的粉丝群。这些因素都会影响主播在直播销售中的可信度和影响力。

2. 从其他平台上寻找主播的步骤

（1）确定目标平台。根据所售农产品的特点和市场定位，确定目标平台的范围和数量。

（2）搜索目标主播。在目标平台上，使用关键词和筛选条件，搜索符合条件的主播。关键词可以是农产品的名称、类别、产地、特点等；筛选条件可以是主播的粉丝量、播放量、评分、评论等。搜索结果会显示主播的相关信息，通过浏览和比较，选择感兴趣的主播。

（3）观看主播的内容。选择感兴趣的主播后，观看他们的内容，包括直播回放、视频、文章、评论等，评估他们的内容质量和互动能力，以及他们的信誉和口碑。注意观察他们的内容是否与所售农产品有关，是否有创意、有价值、有吸引力；主播是否能够与用户进行有效的沟通和交流，是否诚实、可靠、专业，是否被用户认可等。

（4）联系目标主播。观看主播的内容后，选择符合要求的主播，与其联系，沟通合作事宜。与主播联系的方式可以是平台内的私信、评论等，也可以是平台外的电话、微信、邮箱等。联系时，要简单介绍自己的身份和目的，表达自己的诚意，邀请他们进行合作或试播。

（5）签订合作协议。联系目标主播后，如果与主播达成合作，就要签订合作协议，明确双方的权利和义务，包括合作的时间、地点、方式、内容、费用、违约处罚等。签订合作协议时，要注意保护双方的利益，避免发生纠纷和损失。

3. 从其他平台上寻找主播的注意事项

（1）不要盲目追求主播的粉丝量和播放量，要注重主播的内容质量和互动能力，以及主播的信誉和口碑，这是衡量主播是否适合直播销售的重要标准。粉丝量和播放量并不一定代表主播的实力和影响力。

（2）不要轻信主播的承诺，要有风险防范意识。从其他平台上寻找主播，存在一定的商业风险，商家要有自己的判断和底线，不要轻信主播的承诺，要通过观察和验证，以及与主播的沟通和协商，来确定是否与主播合作。

3.1.3　从当地名人中寻找

当地名人是指在当地有一定影响力和知名度的人，他们在当地有一定的粉丝基础和公信力，可以为农产品直播销售提供有力的支持和推广。

1. 从当地名人中寻找主播的寻找范围

（1）当地助农人士。在当地从事助农工作的干部、志愿者、社工等，他们了解当地的农业情况和助农政策，熟悉当地的农产品情况，可以为农产品打造助农品牌。

（2）相关部门的负责人。当地政府部门的负责人掌握当地的发展规划和资源配置，也代表当地的形象和声望，他们可以为农产品直播销售提供政策扶持、资源保障、形象代言等，由他们担任主播可以增强消费者的信任度。

（3）农产品种植人。当地的农产品种植人主要是当地的农户，他们亲自进行农产品的种植、养殖、加工等，也最了解农产品的品种、特点、优势等，他们可以在农产品直播销售中更好地进行产品展示、产品介绍，让消费者更全面地了解农产品的特性。

（4）农产品技术人。当地的农业技术人员、科研人员等，他们掌握农产品相关的技术和知识，也参与农产品的研发、改良等，可以为农产品直播销售提供技术解读、相关咨询等。

（5）农产品销售达人。当地的农产品销售高手、人气主播等，他们擅长农产品的营销推广和内容创作，也拥有粉丝群体和良好的口碑，可以为农产品直播销售提供营销推广、流量引导等，通过内容创新提高农产品直播销售的影响力。

2. 从当地名人中寻找主播的优势

（1）可以利用他们的知名度和影响力，提高农产品的知晓度和认可度，增加农产品的销量。

（2）可以利用他们的专业知识，为农产品提供更加详细和权威的介绍，增加消费者对农产品的信任度和满意度。

3. 从当地名人中寻找主播的渠道

（1）通过当地的政府部门、农业协会等，联系和邀请当地的助农干部、农业专家等，为农产品直播销售提供专业指导等。

（2）通过当地的农业企业、合作社、农民组织等，联系和邀请当地的农产品种植者、销售达人等，为农产品直播销售提供产品供应、物流配送、市场分析等。

（3）通过当地的媒体平台、社交网络、电商平台等，联系和邀请当地的人气主播、明星等，为农产品直播销售提供内容创作、流量引导、营销推广等。

3.2 制定规范：3个标准

3.2.1 选人标准

选择适合做主播的人进行培养，可以事半功倍。主播的选人标准主要包括以下方面。

1. 先天素质

直播销售需要面向观众进行展示，需要与观众进行互动，主播的形象和气质会直接影响观众对其的第一印象。因此，主播一般具有较好的外形条件，穿着得体，语言清晰，表情自然，态度亲切，有亲和力和感染力。当然，这并不意味着主播必须是俊男靓女，只要符合农产品的定位和风格，如健康、自然、朴实等即可。

2. 主持能力

主持能力是主播需要具备的核心技能，主持能力包括主持节奏、控制现场、吸引观众、引导互动、解决问题等方面的能力。主播应该能够根据不同的农产品和观众群体，灵活调整自己的主持风格和内容，既要有趣，又要专业。

主播还应该能够及时处理直播间的各种情况，如回答观众的提问、处理黑粉的挑衅、化解与观众的冲突、维护直播间的秩序等。

3. 专业水平

专业水平是指主播掌握的关于直播销售及商品相关的专业知识和专业技能，包括对农产品的了解、对销售的把控能力、对客户的分析能力、对市场的洞察能力、沟通技巧、处理问题的能力等。

（1）主播应该对销售的农产品有深入了解，如产地、品种、特点、保质期等，能够准确地向观众介绍和推荐。

（2）主播应该对销售的基本原则和方法有一定的掌握，例如，如何吸引观众的注意力，如何激发观众的兴趣，如何引导观众进行购买，如何提高观众的信任度、满意度和忠诚度等。

（3）主播应该对观众的心理和行为有一定的分析，如观众的喜好、需求、动机、期望、疑虑、反馈等，能够根据不同的客户类型采用不同的沟通方式和技巧，如问答、讲故事、展示认证材料、比较优劣、提供优惠等，以达到提高转化率和成交率的目的。

（4）主播应该对市场的变化和趋势有一定的洞察，如市场的供需情况、竞争情况、存在的机会和风险等，能够根据市场的实际情况，调整销售策略和计划，如使用适合的直播平台、调整直播时间和频次、改变直播主题和内容等，以适应市场变化，达到增加销售额的目的。

（5）主播应该对可能出现的问题有一定的处理能力，如质量问题、价格问题、库存问题、物流问题、售后问题等，及时向观众说明原因并告知解决方法，消除观众的疑虑和不满,维护观众的信任,感谢观众的支持。

3.2.2 训练体系

培养主播需要有一套科学的训练体系,训练体系主要包括训练内容、成长途径和训练方式等。

1. 训练内容

(1)产品知识。产品是主播进行直播销售的核心,主播要对所销售的农产品有全面、深入、准确的了解,包括产品的来源、特点、优势、用途、保质期、储存方法、食用方法等,能够从多个角度向观众展示和介绍农产品。产品知识的训练方法有阅读产品手册、观看产品视频、实地参观产品基地、亲自体验产品等。

(2)营销技巧。营销技巧是主播进行直播销售需要的核心技能,主播要掌握一定的营销理论和方法,能够根据不同的产品和观众群体,制定合适的营销方案,运用各种营销手段和工具,如醒目标题、营销海报、营销话术、优惠活动、限时抢购等,吸引观众的注意力,从而提高直播转化率和成交率。

(3)销售能力。主播要能够有效地促进观众的购买行为,实现销售。促进销售的关键是把握观众的心理,及时发现观众的顾虑,采取相应的措施,如提供认证材料、现场试吃等,消除观众的顾虑,让观众产生购买欲望,促使观众下单付款。

(4)其他内容。除上述内容外,主播还应该掌握一些其他的知识和技能,如直播平台的规则、直播设备的使用和维护、直播内容的策划和制作、直播数据的分析和优化、直播风险的防控等。

2. 成长途径

(1)助播训练。助播是指在直播过程中协助主播进行工作的人员。从助播开始训练,可以让主播初步了解直播的流程和细节,积累一定的直播经验,为自己的直播做好准备。进行助播训练时应认真履行助播的职责、积极向有经验的人学习和请教等。

(3)客服训练。客服是指在直播前后为观众提供咨询和服务的人员,其主要工作内容包括解答观众疑问、为观众推荐合适的产品、售后服务等。从客服开始训练,可以让主播深入了解观众的需求和反馈,提高自己的沟通和服务能力。进行客服训练时应认真执行客服的任务、收集和分析客服的数据等。

（3）运营训练。运营是指在直播前后为主播提供支持和帮助的人员，其主要工作内容包括选品、内容策划、数据分析等。从运营开始训练，可以让主播掌握直播的整体规划和运作，提高自己的分析和决策能力。进行运营训练时应积极参与运营的各个环节、学习运营的方法等。

3. 训练方式

（1）模拟法。模拟法是指在没有观众的情况下，模拟直播的场景和内容，进行直播练习并进行自我评估的方法。模拟法可以让主播熟悉直播的流程、练习直播技巧，并从中发现自己的优势和不足，从而提高直播水平。训练时可以录制自己的直播视频，邀请他人观看并提出改进意见。

（2）师徒法。师徒法是指跟随有经验的主播进行直播，接受有经验主播的指导和帮助，从中学习直播方法。通过师徒法培训，主播可以学习和借鉴优秀主播的实战经验，从中学习直播的方法和技巧。训练时应观察和模仿有经验主播的直播过程，积极向其请教。

（3）助播法。助播法是指与其他主播合作，共同完成直播的内容和目标的方法。助播法可以提高主播的观众影响力，增加主播的曝光率，提高主播的合作能力。使用助播法训练时应提前找好合适的合作伙伴，并与其协商和分配好直播任务，且要互相支持和推荐。

（4）其他方法。除了以上三种方法外，主播还可以通过参加各种培训和比赛、阅读各种书籍和资料、加入各种社群和平台等方法，丰富自己的知识和技能，提升自己的水平和能力。

3.2.3 业绩标准

主播的直播效果需要根据考核指标进行评估，考核指标主要包括粉丝标准、成交标准和互动标准。

1. 粉丝标准

粉丝标准是衡量主播影响力的重要指标，主要包括以下方面。

（1）粉丝数量。粉丝数量是指主播在直播平台上拥有的关注者的总数，反映了主播的知名度和受欢迎程度。粉丝数量越多，意味着主播的直播内容越吸引人，喜欢主播的人数越多。

（2）粉丝增长率。粉丝增长率是指主播在一定时间内新增的关注数量与总关注数量的比率，反映了主播的吸引力和留存能力。粉丝增长率越高，意味着主播的直播内容越能吸引新的观众。

（3）粉丝活跃度。粉丝活跃度是指主播的关注者在直播间的互动程度，反映了主播的互动能力。粉丝活跃度越高，意味着主播的直播内容越有吸引力，越能够激发观众的兴趣和购买欲。

活跃指标包括观看时长、弹幕数量、点赞数量、礼物数量、分享数量、评论数量等。

2. 成交标准

成交标准是衡量主播销售能力和效果的重要指标，主要包括以下方面。

（1）成交金额。成交金额是指主播在直播过程中实现的销售额，反映了主播的销售能力。成交金额越高，意味着主播的直播带货效果越好，能够激发、促进观众的购买行为。

（2）成交率。成交率是指主播在直播过程中实现的成交订单数与直播间观看人数的比率，反映了主播的转化能力和效率。成交率越高，意味着主播的直播内容越有吸引力，主播的影响力越大。

（3）成交质量。成交质量是指主播在直播过程中实现的成交满意度，反映了主播的服务水平和口碑水平。成交质量越高，越能够满足观众的需求和期望，提高直播间和主播的信誉。成交质量的考核方法有设定质量指标、比较同行水平、分析质量因素等。成交质量指标包括退货率、差评率、投诉率、好评率、复购率等。

3. 互动标准

互动标准是衡量主播沟通能力和人气的重要指标，主要包括以下方面。

（1）互动数量。互动数量是指主播在直播过程中与观众进行的互动次数，反映了主播的主动性和活跃性。互动数量越多，意味着主播的直播内容越有互动性和趣味性，越能够吸引观众的参与和回应。互动包括提问、回答、讲故事、讲笑话、做游戏、送礼物等。

（2）互动质量。互动质量是指主播在直播过程中与观众进行的互动和效果，反映了主播的专业性。互动质量越高，意味着主播越专业，其互动内容越能够引起观众的兴趣，越能得到观众的认可和支持。互动质量指标包括互动的相关性、及时性、诚恳性、幽默性等。

组建团队：3个角色

3.3.1 助播

助播的主要工作内容是在直播过程中，协助主播进行农产品的展示、介绍、推荐和与观众互动等。助播的作用是把控直播节奏，确保直播内容流畅、有序；进行互动管理，增强观众的黏性和忠诚度；辅助主播销售，分担主播压力。

1. 对助播的要求

（1）有较强的沟通能力和表达能力，能够用生动有趣的语言吸引观众的注意力，传递农产品的优势和价值，激发观众的兴趣和需求。

（2）有较好的配合能力和应变能力，能够根据主播的指示和直播的情况，协助主播调整直播内容；与主播默契配合，应对各种突发事件。

（3）有一定的专业性，了解相关的农产品知识，能够准确地回答观众的提问，解决观众的疑惑，从而提高观众的信任感和满意度。

2. 助播的职责

（1）直播开始前，与主播沟通直播的主题、目标、流程和内容，准备农产品的样品、道具、设备等，做好直播的预演和测试。

（2）直播过程中，按照主播的安排，展示和介绍农产品的特点、优势、用途、价格等，与主播和观众进行互动，回答观众的问题，引导观众下单和付款。

（3）直播结束后，与主播一起复盘，分析直播的数据和反馈，提出改进和优化的建议，为下一次直播做好准备。

3.3.2 运营

运营的主要工作内容包括直播内容策划、宣传推广、数据分析等。运营的作用是提升直播的品质和效率，扩大直播的影响和覆盖，提高直播的转化和留存，实现直播的持续发展。

1. 对运营的要求

（1）有较强的市场分析和策划能力，能够根据农产品的特性和市场的需求，制定合适的直播主题、目标、内容和方案，吸引和留住目标观众，提高直播的吸引力和竞争力。

（2）有较好的营销和推广能力，能够利用各种渠道和手段，如社交媒体、短视频平台等，为直播进行宣传和预热，吸引更多的流量和关注，增加直播的曝光度和知名度。

（3）有较高的数据分析和优化能力，能够收集和处理直播的各种数据，如观看数量、互动数量、转化率、留存率等，评估直播的效果，提出改进和优化的措施，提高直播的质量和效果。

2. 运营的职责

（1）直播开始前，制定直播的方案和计划，与主播和助播沟通直播的流程和安排，做好直播的宣传和预热，以及直播间引流。

（2）直播过程中，监控和记录直播的数据和反馈，及时调整直播的内容和策略，与主播和助播配合，解决直播过程中的问题和困难。

（3）直播结束后，分析和总结直播的数据和效果，以及存在的问题，提出改进和优化的建议，为下一次直播做好准备。

3.3.3 客服

客服的主要职责是负责直播的售前、售中和售后服务。客服的作用是提高观众的满意度和忠诚度，维护直播间的口碑和信誉，提高复购率，实现直播的稳定和长期发展。

1. 对客服的要求

（1）有较强的服务意识和沟通能力，能够以礼貌、专业、耐心的态度，与观众进行有效的沟通和交流，解答观众的问题，提升观众的满意度和忠诚度。

（2）有较好的协作能力和处理能力，能够与主播、助播、运营及其他工作人员保持良好的协作关系，及时反馈和处理观众的问题，辅助直播顺利进行和达成直播转化。

（3）有较强的专业性，掌握农产品知识，能够准确地介绍农产品的特点、优势、用途、价格等，为观众推荐适合的农产品，提高观众的信任感，增加其购买意愿。

2. 客服的职责

（1）直播开始前，了解和熟悉直播的主题、目标、内容和农产品的相关信息，准备服务工具和资料，做好直播的服务准备。

（2）直播过程中，与观众进行积极的沟通和互动，回答观众的问题，解决观众的需求，引导观众下单和付款，与主播、助播、运营及其他工作人员保持联系和协作，及时反馈和处理直播过程中的问题和异常。

（3）直播结束后，进行有效的跟进和回访，收集和处理观众的反馈和建议，解决观众的售后问题，提高观众的满意度和忠诚度；与主播、助播、运营等人员进行沟通和反馈，提出改进和优化的建议，为下一次直播做好服务准备。

3.4 培养主播：3个定位

3.4.1 培养专业型主播

专业型主播是指在某一特定领域具备专业知识，从而使其建立起直播声誉的人。专业型主播注重内容的质量和价值，而不是单纯追求流量和热度。

1. 专业型主播的特点

（1）专业性。能够在特定领域提供专业的知识、见解或建议，让粉丝受益。

（2）针对性。能够根据目标受众的需求和喜好，定制合适的内容和形式。

（3）创新性。能够不断更新内容，引入新的元素和视角，避免内容单调和重复。

2. 专业型主播的培养要点

（1）确定专业领域和定位。打造专业型主播前，首先，需要选择一个有市场前景并且有一定专业水平的领域，如农产品直播销售。其次，需要明确目标受众，分析他们的年龄、收入、喜好、价值观等。最后，需要确定主播的特色和优势，区分其与其他主播的差异，完成主播定位。

（2）选择合适的社交媒体平台。打造专业型主播需要根据内容类型和形式，选择适合展示的平台，如微博、抖音、快手、小红书、哔哩哔哩等。通过了解各个平台的特点、规则、用户画像、流量分配规律等，选择能突出主播优势和吸引目标受众的平台；也可利用多渠道拓展影响力，如合作、转发、互动等。

（3）制定内容策划方案。专业型主播需要根据其定位，设计短视频的内容、类型、风格、角度等。结合所选平台和渠道的特点，把握短视频的长度、发布频率等。此外，还要根据目标受众的特征，选择话题和语言、文字风格。短视频的内容要有深度、有针对性、有互动性、有创新性，能够吸引和留住观众。

（4）执行内容生产和传播。专业型主播需要按照内容策划方案制作高质量的内容，如文字、图片、视频、音频等，并按照平台和渠道的要求，定期发布和推广内容。还要与观众建立良好的沟通和信任，加强对粉丝点赞、转发、分享等方面的引导。

3.4.2 培养销售型主播

销售型主播是指能够通过直播平台，利用自身的影响力和专业知识，进行产品销售的人。销售型主播不仅要有吸引人的个人魅力，还要有良好的沟通能力和销售能力。销售型主播的目标是让观众信任他们的推荐，从而产生购买行为。

1. 销售型主播的特点

（1）有说服力。能够用有力的语言和数据，展示产品或服务的优势和价值，激发观

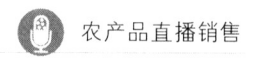

众的购买欲。

（2）互动性。能够通过直播、评论、抽奖等方式，增加与观众的沟通和互动，提高观众的忠诚度和转化率。

（3）适应性。能够根据市场的变化和竞争的情况，调整内容策略和营销手段，吸引观众的注意力。

2. 销售型主播的培养要点

（1）确定定位，找准风格。根据主播的特点和优势，选择适合其销售的农产品类型，如水果、蔬菜、肉类、粮油等。然后，根据主播的性格和气质，确定其直播风格，如幽默、亲切、时尚等。这样可以让主播从众多的主播中脱颖而出，形成自己的特色。

（2）丰富知识，积累资源。销售型主播除要具有个人魅力外，还要掌握足够的产品知识，如农产品的种植、加工、储存方法及其营养成分等。这样可以让主播在直播中展现其专业性，提高观众的信任感。此外，还要积累农产品资源，如与农场、厂家、供应商等建立合作关系，确保有优质的农产品及合理的价格。积累资源并非主播一人之事，需要整个直播团队协力完成。

（3）选好平台，用对工具。根据主播的目标受众和内容形式，选择适合的直播平台，如抖音、快手、淘宝、京东等。不同的平台有不同的特点和规则，确定平台后要了解平台的运营机制，如如何提高直播的曝光度、互动度、转化率等。此外，还要选择合适的直播工具，对摄像头、麦克风、灯光、背景等进行优化，保证直播的画面和声音的质量，提升观众的观看体验。

（4）分析数据，不断改进。销售型主播需要利用平台提供的数据分析工具，或者自己搭建数据分析系统，来监测和评估直播、视频动态、文字动态的各项指标，如观看人数、观看时长、互动次数、转化率、销售额等，根据数据分析结果，及时调整内容策略和生产方式。因此，需要定期总结经验和教训，从而不断提高主播的专业水平和销售能力。

3.4.3 培养人气型主播

人气型主播是指在网络平台上拥有大量粉丝和高关注度的网络红人，他们能够吸引和影响大量的消费者。人气型主播直播销售农产品可以提高农产品的知名度和美誉度，提高消费者的信任度和忠诚度，促进农产品的销售和品牌建设。

1. 人气型主播的特点

（1）粉丝数量极多。人气型主播不仅拥有大量的粉丝而且其粉丝的忠诚度和活跃度也较高。

（2）输出的内容有吸引力。人气型主播能够在某个特定的领域或者话题上为粉丝提供有价值的信息和建议，其输出的内容或有用，或有趣。

（3）风格突出，个性鲜明。人气型主播有独特的个性和鲜明的风格，他们能够通过自己的言行和形象展现出自己的个性和特点，与粉丝形成亲密的情感联系。

（4）共鸣性。人气型主播往往能够与粉丝建立情感的联系，通过分享自己的喜怒哀乐，让粉丝与其共情。

2. 人气型主播的培养要点

（1）妥善利用网红（网络红人）孵化机构或经纪公司。网红孵化机构或经纪公司可以提供的服务包括形象塑造、技能培训、资源对接等，帮助主播更快地获得知名度和影响力。同时，还可以为主播提供商业合作的机会，帮助主播实现商业化。

（2）建立高活跃度社群。建立社群，让核心粉丝参与运营，分享他们一部分利益，共赢互利才能长期发展。多与粉丝互动，可以组织活动让粉丝参与，提升其活跃度和黏性。例如，可以通过线上线下的粉丝见面会、互动游戏等方式，增强粉丝的参与感和归属感。

（3）合理利用新媒体资源。通过新媒体平台可以实现销售方和购买方的实时互动。利用大数据、用户画像等对关注农产品的用户进行信息采集和分类，确定潜在用户，掌握用户需求，向其推荐适合的农产品直播间，达到精准化营销的目的。

（4）创新开源节流形式。直播电商助力乡村振兴已从最初的带动农产品消费、培育农产品原产地直接消费习惯，进一步跃升为以数字营销、塑造农产品区域公用品牌、与新农人共享科技发展红利等数字化商业模式。通过多元化销售渠道、高品质内容、合作营销、预售定制、品牌塑造等策略实现开源。同时，采取优化供应链管理、精准营销、节能减排等策略帮助节流。

（5）合理利用政府公信力拉动扶持链。以各地政府干部担任主播角色或直播嘉宾，宣传地区风貌、展现乡村特色农产品和产业的直播助农形式，已成为一种流行趋势。政府的参与不仅可以提高直播的公信力，也可以帮助农产品获得更高的市场认可度。同时，政府也可以通过政策扶持，为农产品直播提供更好的发展环境。

第 4 章
场景布置：4 个考虑

4.1 色彩与背景 /49

4.2 灯光与摄像 /51

4.3 道具与空间 /54

4.4 音乐与声音 /56

4.1 色彩与背景

4.1.1 色彩搭配

色彩搭配是指在直播过程中,根据农产品的颜色,选择与其颜色相配的背景、道具、服装等,形成和谐或对比的色彩效果,以增强农产品的视觉吸引力。

色彩搭配是农产品直播销售的重要环节之一,它可以让农产品在直播画面中显得更加鲜艳、诱人,不仅能影响观众对产品的第一印象,还能激发观众的购买欲望。

1. 色彩搭配的技巧

(1)冷暖色对比。冷暖色是指色彩中所含的红、黄、蓝三原色的比例不同而产生不同温度感的色彩。一般来说,含有较多红、黄原色的颜色,常给人以温暖、活泼、热情的感觉,被称为暖色;含有较多蓝原色的颜色,常给人以清凉、沉静、冷淡的感觉,被称为冷色。搭配色彩时可以利用冷暖色的对比,使产品更加醒目和有吸引力。

(2)互补色对比。互补色是指色轮上处于相对位置的两种色彩。若将互为互补色的两个颜色混合会产生灰色或黑色,因此,它们的对比是最强烈的。搭配色彩时可以利用互补色的对比,使产品更加突出和有张力。

(3)调和色搭配。调和色是指色轮上处于相邻位置的两种或多种色彩。若将调和色混合会产生中间色,因此,它们的对比是比较柔和的。搭配色彩时可以利用调和色的搭配,使产品更加协调和有层次。

2. 色彩搭配的要点

(1)避免单调和杂乱。搭配色彩时要注意避免使用过多或过少的颜色,避免画面单调或杂乱。一般来说,颜色的数量应控制在三种以内,以保持画面的简洁和清晰。如果颜色的数量过多,会使画面显得复杂和混乱,分散观众的注意力;如果颜色的数量过少,会使画面显得平淡和无趣,影响产品的展示效果。

（2）注意颜色的分布和比例。搭配色彩时要注意颜色的分布和比例，以保持画面的平衡和美感。一般来说，色彩的比例，即主色、中间色和点缀色的比例应遵循1∶2∶3的原则。如果色彩的分布或比例不合理，会使画面显得不协调和失衡，影响产品的美感。

4.1.2 背景设计

背景指的是在农产品直播过程中，主播后方的视觉元素，包括颜色、图案、文字、图片、视频等，形式多样，可以是实物、虚拟背景等。设计背景的目标是凸显直播主题、展示农产品特色、传递产品信息、创造直播氛围、引导观众购买等。

背景设计在农产品直播销售中扮演着至关重要的角色，其质量直接关系到观众的第一印象和直播间的整体美感以及直播间的专业度，进而影响直播内容的吸引力和说服力，以及直播销售的效果。

1. 背景设计的技巧

（1）与农产品相关的背景。选择农田、果园、农场、加工厂等与农产品相关的场景作为背景，展示农产品的生产过程和品质，以增加真实感、信任感。

（2）符合直播主题的背景。根据直播内容、农产品类型、观众喜好等选择与直播主题相符的背景，以增加直播的针对性，激发观众的购买欲望。

（3）协调直播风格的背景。选择色彩、风格、元素等与直播风格协调的背景，可以提高直播间的美观度和专业度，同时有助于打造主播的形象和个性。

（4）适配直播平台的背景。背景的分辨率、尺寸、格式等应与直播平台相适应，以确保流畅度、清晰度、避免出现技术问题和画面失真问题。

2. 背景设计的要点

（1）简洁明了。背景应避免过于繁复、混乱，以免影响观众的注意力。背景应简洁明了，避免与农产品、主播、文字等产生视觉冲突。

（2）突出重点。背景应强调直播主题和核心信息，可使用文字、图片、视频等对其进行标注，以吸引观众的注意。

（3）适时更新。根据直播进程及内容及时调整和更换背景，以适应不同农产品、场景、话题等。可使用虚拟背景等技术进行更换，也可使用预设和模板等进行快速设计和制作。

4.2 灯光与摄像

4.2.1 灯光设计

灯光设计是指根据直播的内容、主题、场景等的特点，合理地选择和布置灯光设备，以创造出适合直播的灯光效果。灯光设计包括灯光的色温、亮度、方向、角度、分布、变化等要素。

灯光的设计不仅影响主播的气色，也影响产品的展示效果。因此，设计灯光时，需要考虑与主播和产品之间的关系，才能达到最佳的灯光效果。

1. 灯光设计的技巧

（1）根据主播的肤色、发色、服装等选择合适的色温。一般来说，暖色调的灯光可以增加主播的亲和力和温暖感，冷色调的灯光可以增加主播的清爽感和专业感。灯光色温的选择还要考虑农产品的颜色，避免出现农产品颜色失真的情况。

（2）根据主播的脸形、五官等选择合适的亮度和方向。一般来说，正面的灯光可以使主播的五官更加立体和清晰，侧面的灯光可以使主播的面部轮廓更加柔和和自然，背面的灯光可以使主播的头发更加有光泽和层次感。灯光亮度的选择还要考虑产品的材质，避免出现过曝或暗淡的情况。

（3）根据主播的动作、位置等选择合适的角度和分布。一般来说，灯光的角度应该与主播的视线方向一致，以避免出现眼神不对焦或眼睛被遮挡的情况。灯光的分布应该均匀和平衡，避免出现明暗不均或阴影过重的情况。

（4）根据主播的节奏、情绪等选择合适的变化和效果。一般来说，灯光的变化可以使直播画面更加动感，如闪烁、渐变、跳变等。不同的灯光效果可以烘托出不同的直播间气氛，如彩色灯光可以活跃直播间气氛、星光效果可以营造浪漫的气氛等。灯光的变化和效果要与主播的语言和表情相协调，以避免出现不协调或突兀的情况。

2. 灯光设计的要点

（1）灯光设计要符合直播的主题和内容，不能过于花哨或刺眼，以免分散观众的注意力或影响观众的视觉舒适度。

（2）灯光设计要考虑直播的场地和背景，不能与场地或背景的色调、风格不协调，以免影响整体美感和协调性。

（3）灯光设计要考虑直播的时间和环境，不能与自然光或环境光产生冲突，以免影响直播的真实性和自然性。

（4）灯光设计要考虑直播的安全和稳定，不能使用不合格或不稳定的灯光设备，以免发生意外或故障，影响直播顺利进行。

4.2.2 摄像效果

摄像效果直接影响观众对农产品的观感和认知，从而影响其购买意愿。因此，进行农产品直播销售时要考虑摄像的角度和位置，以达到最佳的视觉效果和传播效果。

1. 摄像角度

摄像角度是指摄像机镜头与被拍摄物体水平线之间形成的夹角，摄像角度影响画面的大小、形状等。摄像角度有正面角度、侧面角度、俯视角度、仰视角度、斜侧角度等，不同角度拍摄出的画面效果也有所不同。

（1）正面角度。正面角度是指摄像机镜头与被拍摄物体的水平线平行，这是最常用的摄像角度，这种摄像角度可以清晰地展示农产品的形状、质感等，适用于拍摄农产品的基础特征，可以展现农产品的真实性。

（2）侧面角度。侧面角度是指摄像机镜头与被拍摄物体正面呈一定的水平角度，这种摄像角度可以展示农产品的立体感和层次感，适用于拍摄农产品的内部结构、切面等，增加观众对农产品的信任感。

（3）俯视角度。俯视角度是指摄像机镜头高于被拍摄物体，这种摄像角度可以展示农产品的整体概貌和数量，适用于拍摄农产品的种植场景、采摘过程、包装过程等。

（4）仰视角度。仰视角度是指摄像机镜头低于被拍摄物体，这种摄像角度可以展示农产品的高度和厚度，适用于拍摄农产品的大小、饱满度等。

（5）斜侧角度。斜侧角度是指摄像机镜头与被拍摄物体的水平线既不平行也不垂直，而是呈一定的斜角，这种摄像角度适用于展示农产品的多样性。

2. 摄像位置

摄像位置是指摄像机与被拍摄物体的距离和高度，它决定了拍摄画面的范围。摄像位置有近景、中景、远景、高位、低位等，不同的摄像位置拍摄出的画面的视觉效果也不同。

（1）近景。近景是指摄像机与被拍摄物体的距离较近，只拍摄被拍摄物体的一部分或者细节，这种摄像位置可以展示农产品的局部细节，如纹理、颗粒等，适用于拍摄农产品的品质、细节等。

（2）中景。中景是指摄像机与被拍摄物体的距离适中，拍摄被拍摄物体的整体或者主要部分，这种摄像位置可以展示农产品的整体情况，如形状、色彩等，适用于拍摄农产品的外观、功能展示等。

（3）远景。远景是指摄像机与被拍摄物体的距离较远，拍摄被拍摄物体的背景或者所处环境，这种摄像位置可以展示农产品的生长环境，如地理、气候、文化等，适用于拍摄农产品的产地、气候情况等。

（4）高位。高位是指摄像机的高度高于被拍摄物体，从上往下拍摄被拍摄物体，这种摄像位置可以展示农产品的全貌和数量，如种植面积、规模等，适用于拍摄农产品的规模、产量等。

（5）低位。低位是指摄像机的高度低于被拍摄物体，从下往上拍摄被拍摄物体，这种摄像位置可以展示农产品的大小和饱满度，适用于拍摄农产品的高度和厚度等。

3. 摄像效果设计要点

为了让观众更好地了解和认识农产品，从而激发他们的购买欲，提高他们的忠诚度，在进行农产品直播时，要根据农产品的类别和直播目标，灵活选用不同的摄像角度和位置，创造出最佳的摄像效果。

（1）要保证画面的清晰度和稳定性。避免出现抖动、失焦等现象，给观众带来不良的观看体验。

（2）要注意摄像的光线和色彩。选择合适的滤镜，使农产品的颜色更加鲜艳、自然、真实。

（3）要注意摄像的节奏和现场变化。根据直播的内容和情节适时调整拍摄的角度和位置，使画面更加丰富、有趣、生动。

（4）要注意摄像的角度和位置与主播的互动配合。根据主播的语言和动作及时切换拍摄的角度和位置，使画面更加协调、和谐、流畅。

4.3 道具与空间

4.3.1 道具使用

道具是指在直播过程中，为了达到某种目的而使用的物品或设备，它可以是实物，也可以是虚拟物品。例如，摄像头、麦克风等是常见的设备类道具，它们可以提高直播的画面质量、声音效果等；服装、化妆品等是形象类道具，它们可以增加主播的个人魅力、提升主播的气质等；礼物、弹幕、游戏等是互动类道具，它们可以激起观众的兴趣、提高其参与度等。

道具是直播过程中不可或缺的元素，通过使用道具可以增加直播间的美观度、吸引观众的注意力、更好地展示农产品的特色、提高主播与观众的互动频率等。

1. 道具使用的技巧

（1）选择与农产品、直播主题、背景等相匹配的道具，避免使用与农产品、直播主题、背景等不协调或冲突的道具。例如，使用与农产品颜色相近或相反的背景布，使用与农产品不搭的装饰品等。

（2）选择能够突出农产品特色的道具。例如，使用放大镜、容器、秤等展示农产品的大小、形状、重量等；使用证书、标签、地图等展示农产品的品质、产地、认证等。

（3）选择能够增强互动的道具。例如，使用道具卡、道具服等进行竞猜、模仿等互动。

2. 道具使用的要点

（1）避免使用过多或过复杂的道具，以免分散观众的注意力，影响农产品的展示效果。道具的使用要根据农产品的数量、种类、特点等进行合理选择和布置，不能随意堆砌或混搭，要保持直播间整洁和风格统一。

（2）避免使用过于敏感或不合适的道具，以免引起观众的反感、不满，导致投诉，甚至造成法律风险等，影响直播间的口碑和信誉。如使用涉及政治、宗教、色情、暴力等的道具，使用侵犯他人知识产权或肖像权等的道具等。

（3）避免使用过于贵重或危险的道具，以免因道具损坏或丢失，造成经济损失，或者给自己和他人的安全造成威胁。

4.3.2 空间利用

空间利用是指在直播过程中合理地安排和布置直播场地。合理的空间利用可以让直播画面更加清晰、美观、专业，能够更好地展示农产品的特色和优势，吸引和留住观众的注意力，从而提高转化率和销售额。

1. 空间利用的技巧

（1）根据农产品的类型、数量、规格、颜色等选择合适的直播场地，如田间、果园、仓库、展厅、工作室等，尽量选择有自然光线、通风、干净、安静的环境，避免有噪声、杂物、污染等干扰因素。

（2）根据直播场地的大小、形状、布局等合理摆放和排列农产品，使之与背景、道具、灯光等形成良好的视觉效果。摆放时应突出农产品的主体地位，避免出现过于拥挤、杂乱、单调等问题。

（3）根据直播的内容、主题、风格及农产品特色等选择合适的拍摄角度、拍摄距离、拍摄高度等，使之能够充分地展示农产品的细节、特征、优点等，同时也能展示农产品的生产、加工、运输等环节，让观众了解农产品生产加工的全过程，增加产品透明度和可信度。

（4）根据直播的目标、策略、计划等灵活地变换直播场景，使之能够适应不同的直播节奏、氛围等。

2. 空间利用的要点

（1）在选择和布置直播场地时，要考虑农产品的区域特色，尽量选择有代表性、有特色、有故事的场地，让观众感受到农产品的文化内涵和地域风情，增加农产品的附加值和差异化竞争力。

（2）在摆放和排列农产品时，要考虑农产品的品质，尽量选择新鲜、完整、无瑕疵的农产品，避免使用过期、变质、损坏的农产品。

（3）在拍摄和展示农产品时，要考虑农产品的真实性，尽量使用真实、自然、原始的画面，避免使用过度的美颜、滤镜、特效等手段，应让观众了解农产品的真实形态。

4.4 音乐与声音

4.4.1 音乐选择

音乐是直播中不可或缺的元素之一。适合直播主题的音乐可以营造相应的直播氛围，更好地吸引观众的注意力。直播中的背景音乐要根据直播的目的、内容、风格等进行选择。

1. 选择与产品和直播主题相符的音乐

农产品直播过程中使用的音乐应与农产品的特色或文化相符，如可用民族风、轻快活泼或者温馨舒缓的音乐，来呼应农产品的地域特点。

农产品直播过程中使用的音乐也要与直播的主题相匹配，如介绍产品的历史、种植过程、营养价值、食用方法等时，音乐应在节奏和旋律上与之匹配，起到突出直播内容的作用。

2. 选择适合直播场景和对象的音乐

农产品直播过程中使用的音乐，其音量、节奏、风格要与直播场景的背景音、环境音等协调，避免音量过大或过小、节奏过快或过慢、乐曲过活跃或过平淡，从而影响直播的效果。

选择音乐时还要考虑观众的情况,如观众的年龄、性别、喜好、文化背景等。选用的音乐要能符合观众的喜好,能激发观众的兴趣和共鸣,从而增加观众的黏性和忠诚度。

3. 选择有版权的音乐

音乐的版权是一个不能忽视的问题,如果使用了没有版权的音乐,可能会导致直播间被封、罚款或者诉讼,给主播带来不必要的麻烦和损失。因此,农产品直播过程中应使用有版权的音乐,或者自己创作或者购买,也可以使用一些免费或者低价的音乐平台。

音乐要根据直播的具体情况进行灵活使用,不要随意使用,也不要一成不变地使用,要不断地尝试和创新,让音乐成为直播的亮点和助力。

4.4.2 声音控制

声音是直播中影响观众决策的重要因素。声音可以传达主播的情绪、态度,展现主播的专业性,做好声音控制还可以增强直播的吸引力和说服力。声音要根据直播的目标、内容、风格和对象来进行控制。

1. 音量和语速

主播的音量和语速要适应直播的场景和氛围,不要过大或过小、过快或过慢,要与音乐和背景音协调,避免声音被淹没或突兀。

主播的音量和语速也要考虑观众的听觉感受,不要过于亲密或过于冷漠,要根据观众的反馈和互动进行调整,保持声音的活力和魅力。

2. 语气和语调

主播的语气和语调应能体现主播的个性和风格,并能传递直播的主题和信息。语气要自然、真诚、友好、自信,避免做作、傲慢,应向观众展现亲和力。语调要有变化、抑扬顿挫,避免单调、平淡,应能吸引观众的注意力。

3. 词汇和语言

词汇和语言能体现主播的专业性和文化水平。农产品直播时使用的词汇要准确、简洁、避免模糊、冗长，应能突出农产品的特点和优势。农产品直播时使用的语言要通俗、易懂、风趣，避免晦涩难懂、过于复杂，应能让观众理解主播的讲述。

4. 音效控制

音效控制是指在直播过程中使用一些特定的声音素材，如欢呼、鼓掌、笑声、倒计时等，来增加直播的趣味性、营造紧张气氛等，从而吸引观众的注意力，调动观众的情绪，提高观众的参与度和购买意愿。

（1）音效应与直播内容和风格相匹配。不同的音效有不同的情感色彩和功能，因此应选用与直播内容和风格相协调的音效。例如，在介绍农产品的优惠活动时，可以使用欢呼或者鼓掌的音效来增加直播的热闹气氛，刺激观众的购买欲；在展示农产品的品质时，可以使用惊叹或者赞美的音效来增加直播的信服力，提升观众的信任感。

（2）注意音效的使用频率。直播过程中应控制音效的使用频率，不能过于频繁，使用时应配合直播的节奏和氛围，以免影响直播的效果。

（3）选择合适的音效音量和时长。音效的音量要适中，不能过大或过小，要与主播的声音和音乐的音量协调，以免影响直播的效果。音效的时长也要适当，不能过长或过短，要与直播的内容和风格相匹配，如在介绍农产品的特色或者文化背景时，可以使用较长的音效，来增加直播的情感性。

第 5 章
形象展现：4 个方面

▶ ▶ ▶

5.1　服饰　/61

5.2　妆容　/62

5.3　言行举止　/64

5.4　情绪表现　/67

5.1 服饰

5.1.1 服装

服装是主播形象的重要组成部分，着装是一门艺术，也是一个人文化修养和品位的体现。对于农产品主播来说，其着装更是关系直播效果和观众对直播间的印象。主播的着装可体现主播的职业素养和专业形象。进行农产品直播销售的主播，其着装应朴素、自然，避免穿着过于华丽或花哨的服装，以免给观众留下不专业的印象。主播应根据直播场景和主题选择适宜的服装。例如，在丰收节活动直播时，可以选择乡村风或田园风的服饰；在感恩节活动直播时，可以选择感恩主题的服装。合适的着装可以提升主播的形象和气质，可以更好地呼应产品的特性，从而影响观众对产品的购买决策。

1. 颜色搭配要和谐

一般来说，主播的服装应该以清新、自然为主，建议选择自然色系的衣物，如绿色、棕色、灰色等。这些颜色可以突出农产品纯天然、健康的特点，同时也与大自然和谐相融。

2. 款式要符合主题

农产品直播的场景，不同场景和主题的直播需要主播搭配不同款式的服装。考虑到舒适度和实用性，可以选择宽松适中的T恤、棉质或亚麻的衬衫等。这些衣物不仅舒适，还可以展现出随和、亲近自然的形象。同时，为了适应农产品直播的环境，可以选择长袖衣物，避免在直播过程中晒伤或被蚊虫叮咬。

5.1.2 配饰

适当的配饰能够提升主播的形象和气质，如耳环、项链等，但要注意配饰不可过多。为了更好地展示农产品的特点，可以佩戴一些与大自然相关的饰品，如花朵或树叶形状的耳环等。

5.1.3 服饰搭配注意事项

农产品主播的服装和饰品搭配需要注意以下几方面。

1. 保持整洁干净

无论是服装还是配饰，都要保持整洁干净，避免给观众留下随意散漫的印象。

2. 避免过于花哨

农产品主播的服装和配饰应避免过于花哨，以免喧宾夺主。

3. 保持专业形象

农产品主播可通过服装和配饰展现亲和力，但也要保持专业形象，避免过于随意或过于造作。

4. 适应不同场景

农产品直播的场景较多，如农田、果园、渔场等，主播应根据不同场景选择合适的服装和配饰。

总之，主播的着装搭配应该以舒适、实用为主，同时要符合农产品直播的主题和环境。通过得体、自然的着装搭配，展现主播随和且专业的形象，从而增强观众对产品的信任感和购买意愿。

5.2 妆容

5.2.1 发型

在农产品直播销售中，主播的发型是展现个人形象的重要组成部分。在农产品直播销售中，主播需专业、自信，其形象应能展现出农产品自然、健康的特点。合适的发型可以更好地展现个人魅力，增强观众的认同感。

选择发型时要考虑个人的脸形和气质,以及搭配的服饰。此外,还需要考虑以下几点。

1. 符合主题

符合主题的发型可以更好地吸引观众的注意力,增强观众对主播的信任度和对农产品的信任感。例如,在介绍有机蔬菜或新鲜水果时,主播可以选择有层次感的短发,给人清爽、阳光的感觉。

2. 简约清爽

主播的发型应简约清爽,不要过于复杂。同时要选择适合自己发质的发型,从而更好地展现自己的气质和个性。

3. 自然健康

主播的发色需自然、健康。同时搭配自然风格的服饰,以呼应农产品的新鲜和天然的特性。

4. 自信大方

选择适合主播脸形和发质的发型,可以让主播更加自信大方地展现自己。

总之,主播的发型应避免过于夸张,需要注重细节,符合主题,能展现出主播专业、自信、自然的形象,从而吸引更多观众的关注、赢得观众的信任。

5.2.2 彩妆

化妆是打造主播形象不可或缺的环节,精致的妆容能够提升主播的自信心和魅力,使主播更显专业、更具亲和力。在农产品直播中,主播的妆容应自然、简约,避免过于浓重、夸张的妆容。化妆时,主播应根据直播内容和场景选择妆面的色调。

1. 底妆要自然

农产品主播的妆容应该以自然为主,不要过于浓重或夸张。自然的妆容能够更好地突出主播的自然美,也更加符合农产品的特性,与肤色相近的底妆色号,更容易打造出自然无瑕的肌肤效果。

2. 眼妆要清新

农产品主播的眼妆应以自然、清新为主，可以选择淡雅的眼影颜色，如棕色等，避免使用颜色过于艳丽的眼影。同时，可以使用自然颜色的睫毛膏，打造自然纤长的睫毛效果。

3. 腮红要恰好

可以选择一些珊瑚色或粉色系的腮红，打造恰到好处的红润气色。腮红颜色避免过深，以免破坏妆容的自然感。

4. 唇妆要协调

农产品主播的唇妆应与整体妆容相协调，可以使用有保湿效果的口红或唇彩，打造自然、健康的唇妆效果。

5.3 言行举止

5.3.1 语言

1. 肢体语言

肢体语言是一种无声的沟通方式，通过肢体语言可以传递情感、态度和意图等信息。肢体语言包括手势、面部表情等，主播可以通过肢体语言来展示产品。

主播的肢体语言应该与所销售的农产品相匹配。良好的肢体语言能够增加主播的亲和力，增强观众对主播的信任感，并且能够更好地展示农产品的特点和优点。

（1）手势。可以通过手势展示农产品的性质，例如，介绍水果时，主播可以拿着水果进行展示，同时用手指轻轻按压水果的表面，让观众了解水果的新鲜度和软硬度。需要注意的是手势不可过于夸张，以免分散观众的注意力。

（2）面部表情。在直播过程中，主播需要注意自己的面部表情。主播应该以热情和认真的态度进行直播，微笑着与观众互动，将正向情绪传递给观众，增强观众黏性。

（3）站坐姿。主播应该保持站姿挺拔，坐姿端正，避免过于松散的姿势。良好的站坐姿有助于提高主播的专业形象，增加观众对其的信任程度。

（4）眼神。与观众进行眼神交流是建立亲密感和信任感的重要方式。主播可以通过眼神和适当的脸部表情来表达情感、传递信息。

（5）走姿。主播可以在直播间适当地走动，这有助于增加画面的丰富性和吸引力。但要注意不可过度移动或过多走动，以免影响直播效果。

总之，在农产品直播中，主播的肢体语言对于提高直播效果和观众体验非常重要。适当的姿势、手势、眼神、面部表情等肢体语言能够增加观众对主播的信任度，从而提高其购买意愿。

2. 口头语言

在农产品直播销售中，口头语言是主播与观众建立良好沟通的关键。主播需要用生动形象的语言来描述产品的特点和使用方法。例如，介绍橙子时，主播可以用"口感鲜美""营养丰富"等词汇来形容橙子的特点和优点。主播还可以通过口头语言来营造愉悦的直播氛围。例如，介绍有机蔬菜时，主播可以强调有机农耕的环保和健康理念，同时呼吁观众支持有机农业和绿色消费。得体的口头语言可以更好地引导观众的购买决策和情感倾向。

（1）口齿清晰。在直播过程中，主播应口齿清晰，确保观众能听清和理解主播的话语。介绍农产品时，主播需要使用简单易懂的语言，避免使用过于专业的术语和难懂的词汇。

（2）语速适中。主播要注意控制语速，避免过快或过慢。过快的语速可能导致观众听不清，而过慢的语速则可能让观众失去耐心。

（3）语调适当。在直播过程中，主播需要展现出自信大方的形象，以吸引观众的注意力，增强信任感。抑扬顿挫的语调能够增强口头语言表达的感染力，使观众更容易被吸引。例如，主播介绍农产品的特点时，可以使用强调或升调来突出重点。

（4）生动有趣。在直播过程中，主播需要使用生动有趣的语言，以吸引观众的兴趣和注意力。幽默风趣的话语，或有趣的表达方式，可以更好地吸引观众的注意力。

（5）情感表达。适当的情感表达能够增强口头语言的感染力。在直播过程中，主播可以通过真挚的情感表达，引起观众共鸣。

3. 合规表达

在农产品直播销售中，合规表达同样非常重要。主播需要了解并遵守相关法律法规和道德规范，确保在直播过程中不使用违规的词汇。

主播应确保所宣传的信息真实可靠，不可误导观众。同时要注意产品的宣传和营销方式应符合相关法规和规定的要求。此外，还应注意保护个人隐私，避免在直播过程中泄露个人敏感信息或侵犯他人权益。

（1）遵守相关法律法规。主播需要遵守国家相关法律法规和政策，不得宣传和销售禁止销售的产品和项目。同时，应避免过于夸张和不实的言辞，以免误导观众。

（2）避免使用低俗语言。主播应避免使用低俗、不雅的词语，以免引起负面影响。同时，要注意自己的言行举止应符合社会公德和职业道德要求。

（3）尊重知识产权。主播需要尊重知识产权，不得盗用他人的作品，也不得使用未经授权的产品或商标，以免侵犯他人的权益。

（4）保证产品质量。主播需要保证所销售产品的质量，提供真实、准确的产品信息。在直播过程中，需要避免夸大产品效果和特性，以免误导观众，损害自己的形象和信誉。

（5）遵守商业道德。主播需要遵守商业道德，不得使用不正当手段获取利益。同时需要注意自己的形象和言行应符合商业规范。

5.3.2 举止

农产品主播的举止应得体，直播时应注意细节，避免将手放置在口袋或抓挠头发等不雅动作。主播应根据不同农产品的特点对其进行展示，让观众更直观地了解农产品的使用方法等。

1. 保持微笑

在直播过程中，主播可以通过流畅的语言、自然的神态展现自信，通过微笑和亲切的话语展现亲和力。保持自信和亲和力可以提高观众的信任度。

2. 注意姿态

良好的姿态是主播专业素质的重要体现。在直播过程中，主播需要保持良好的坐姿或站姿，避免出现东倒西歪或懒散的姿态。此外，主播的手部动作也应得体，避免将手放置在口袋或抓挠头发等不雅动作。良好的姿态能够提升观众对主播的好感度和信任度。

3. 适当示范展示

在直播过程中，主播可以对农产品进行适当的示范和展示。例如，在介绍水果或蔬菜时，主播可以边采摘边讲解采摘方法对产品的影响。通过示范和展示，可以增加观众对产品的认知。主播在示范过程中要注意细节，确保动作规范、准确。

5.4 情绪表现

主播在直播过程中，做好情绪控制与情绪展现是至关重要的，这直接影响直播的氛围、观众的体验以及主播的个人形象。

5.4.1 情绪控制

1. 深呼吸与放松

在直播前或感到紧张时，进行深呼吸练习，有助于放松身心，缓解紧张情绪。适当的冥想或放松训练也是有效的情绪控制方法，可以帮助主播在直播中保持冷静和专注。

2. 设定情绪界限

主播需要明确自己在直播中的情绪界限，避免将个人情绪带入直播中，影响观众的观看体验。对于可能引发负面情绪的评论或事件，主播应提前制定应对策略，避免情绪失控。

3. 积极心态与自我激励

培养积极的心态，将挑战视为成长的机会，不断激励自己。在直播前进行积极的心理暗示，增强自信心和表现力。

4. 与团队保持良好沟通

与助理、运营等团队成员保持良好的沟通，分享彼此的情绪和困扰，获得支持和理解。在团队中建立相互支持的氛围，共同应对直播中的挑战。

5.4.2 情绪展现

1. 真诚自然

情绪展现应真诚自然，避免过度夸张或做作。主播应真实地表达自己的情感和态度，与观众建立情感连接。

2. 适度表达

在直播中，主播应适度地表达自己的情绪，如快乐、兴奋、感激等。这些情绪能够激发观众的正能量，提升直播氛围。同时，主播也应注意控制情绪表达的度，避免过度情绪化影响直播效果。

3. 肢体语言和面部表情

肢体语言和面部表情是情绪展现的重要组成部分，主播应善于运用这些非语言信号来强化自己的情绪表达。例如，通过微笑、点头、挥手等动作来展现自己的热情和友好；通过皱眉、摇头等动作来表达自己的疑惑。

4. 声音变化

声音的变化也是情绪展现的一种重要方式。主播可以通过调整语速、语调、音量等声音特征来展现自己的不同情绪。例如，在讲述一个感人的故事时，可以适当地放慢语速、降低音量；在分享一个有趣的笑话时，可以提高音量、加快语速。

5. 互动与共鸣

主播应积极与观众互动，关注他们的反馈和情绪变化。当观众表达出某种情绪时，主播可以适当地回应和共鸣，以增强与观众之间的情感连接。

通过与观众的互动和共鸣，主播可以更好地展现自己的情绪，提升直播的吸引力和感染力。

综上所述，主播在直播过程中应做好情绪控制与情绪展现的平衡。通过深呼吸、设定情绪界限、积极心态与自我激励等方法来控制情绪；通过真诚自然、适度表达、肢体语言和面部表情、声音变化以及互动与共鸣等方式来展现情绪。这样既能保持直播的专业性和稳定性，又能提升观众的观看体验和满意度。

第 6 章
脚本撰写：4 种类型

▶ ▶ ▶

6.1 活动现场类脚本 /73

6.2 产品介绍类脚本 /79

6.3 聊天互动类脚本 /83

6.4 视频传播类脚本 /87

6.1 活动现场类脚本

6.1.1 脚本结构

直播脚本是指导直播活动的文字材料,是在直播活动中,主播需要遵循的基本框架,以保证直播的流畅性、有效性和吸引力。直播脚本的结构一般包括以下部分。

1. 开场预热

开场预热的目的是营造良好的直播氛围,让观众对直播间感兴趣,愿意继续观看。开场预热的主要内容如下。

(1) 热情、亲切地与观众打招呼,并介绍自己的姓名、身份等,从而建立信任感。

(2) 介绍直播的主题,概括直播的内容、亮点、目标等,激发观众的好奇心。

(3) 预告直播的福利,如优惠券、折扣、赠品、抽奖活动等,刺激观众的购买欲。

(4) 引导观众关注、分享、评论、点赞等,增加直播间的曝光度和人气。

2. 话题引入

引入话题的目的是吸引观众参与讨论,活跃直播间的气氛,调动观众的积极性。引入话题的方法如下。

(1) 根据直播的主题或当前的热点事件,选择一个有趣、相关、有价值的话题,作为直播的切入点,吸引观众的注意和兴趣。

(2) 通过数据、故事、案例、问题等展开话题,让观众感受到话题的重要性和其意义,增加话题的说服力和影响力。

(3) 邀请观众参与话题的讨论,如发表看法、回答主播的问题、提出自己的问题等,提高直播间的活跃度。

3. 产品介绍

产品介绍的目的是让观众了解和认可主播推荐的产品,从而产生购买的欲望和行为。主播需要注意以下几点。

（1）按照单品脚本，详细介绍每个产品的特点、优势、价格、优惠活动等信息，突出产品卖点，展示产品效果，引导观众购买。

（2）通过对比、证明、评价等方式，来增强产品的可信度，如与其他品牌或者同类产品进行对比，用销售数据或用户评价来证明产品的受欢迎程度等。

（3）可通过限时、限量销售等方式，来刺激观众的购买行为，如提醒观众产品的库存不足或赠品有限等。

4. 粉丝互动

粉丝互动的目的是提高观众的参与度和黏性，进而提高直播间的转化率。

（1）通过福袋、抽幸运观众等方式给观众发放福利，提高观众的参与度。

（2）及时回复观众的问题和反馈，解答观众的疑惑，增加观众的信任感和好感。

（3）鼓励观众分享自己的使用体验，增加产品的可信度。

5. 结束预告

结束预告的内容包括回顾整场直播的内容，感谢观众的支持，引导观众下单和付款，预告下次直播的时间、内容、福利等，吸引观众持续关注。

（1）回顾整场直播的内容。重点提醒观众哪些产品价格最优惠，哪些福利即将结束等，催促观众尽快下单和付款。

（2）感谢观众的支持。表达对观众的感激，邀请观众收货后进行使用反馈，提升观众的满意度和忠诚度。

（3）预告下次直播的时间、内容、福利等，引导观众关注直播间，促使观众持续关注。

6.1.2 脚本撰写

1. 确定直播主题和目标

确定直播主题和目标时，要考虑产品定位、目标受众、市场竞争、行业趋势等因素，选择有吸引力、有价值的主题，如增加品牌知名度、推广产品功能等，明确想要达成的效果和目的。

2. 设计直播流程

直播的流程一般包括开场预热、话题引入、产品介绍、粉丝互动和结束预告等部分，每个部分都要写明内容、时长和顺序。

3. 撰写直播内容

（1）语言要生动、有说服力、有感染力，避免言语生硬、话题枯燥，如用"鲜嫩多汁"代替"新鲜"或用"甘甜爽口"代替"好吃"等。可以适当使用语气词、感叹词等，如"太棒了""哇""赞"等。

（2）内容要有逻辑、有层次、有重点，避免逻辑不清、层次杂乱，可使用销售数据和用户体验，让观众了解产品的品质，增加内容的说服力和影响力。

4. 设计互动方式

（1）直播互动的方法较多，在直播过程中，互动要有节奏，不可过少，也不可过于频繁，定时互动可以使观众对其有所期待，从而提高直播间的留存率。

（2）互动要有针对性、有创新性，避免使用泛化、过时的互动方法。可以根据观众特点、产品特点、直播特点设计互动环节，使互动更有针对性。

6.1.3 案例

××农场农产品直播销售活动脚本

环节1：开场预热

主播：大家好，欢迎来到××农场的直播间，我是你们的主播××，今天给大家准备了××农场的特色农产品，有新鲜的水果、蔬菜、肉类、蛋类等，种类繁多且都是天然种植、养殖的，保证都是绿色食品，安全健康、价格实惠，绝对物超所值！

主播：在直播过程中，大家有任何问题都可以随时在评论区留言，或者与客服人员联系。有喜欢或需要的商品可以点击屏幕下方的黄色购物车图标进入商品列表下单购买，早下单早发货，保证新鲜送达。

主播：今天我们还准备了丰厚的奖品和秒杀、赠品等优惠活动，只要一直在直播间观看直播，就有机会获得哦，所以不要走开，锁定我们的直播间。我们一起来看看今天

的农产品吧!

环节2：话题引入

主播：今天的直播主题是"××优品，安心品质"，我们的目标是让更多的消费者了解和认可我们的农产品，同时也为农民朋友们提供一个展示和销售的平台，帮助他们拓宽销售渠道，增加收入。

环节3：产品介绍

主播：今天的第一件商品是苹果，我们的苹果都是采用有机肥料和无公害的农药，按照生长周期自然生长，不催熟，不打蜡，每个苹果的品质都有保障。

主播：大家看，这个苹果颜色鲜艳，表皮光滑，而且大小适中。这个苹果的品种是××，是我们农场的特色品种，它的口感非常好，酸甜可口，清脆多汁，而且富含丰富的维生素C和纤维素，多食用有益身体健康。

主播：现在正是苹果上市的季节，今天在直播间的价格每斤只要××元，比市场价便宜很多，而且我们保证每颗苹果都是精挑细选的，没有烂果或者虫蛀，如果收到的苹果有任何问题，我们都可以无条件退换！让大家买得放心，吃得安心！

主播：苹果的链接已经挂上购物车了，大家抓紧时间下单购买。现在下单，我们会在今天内为大家发货。

主播：只要今天在直播间购买我们的苹果，都可以享受满100元减10元的优惠，优惠可叠加，多买多送，赶快行动吧，数量有限，先下单先得哦！

环节4：品鉴互动

主播：刚刚给大家介绍了我们的苹果，大家是不是已经迫不及待想要尝一尝了呢？接下来，我就替大家试吃一下，让大家看看我们的苹果到底有多好吃！

主播：大家看，我们的苹果只要用水冲洗一下，就可以吃了，因为我们的苹果没有打蜡，没有任何化学物质残留，非常安全。我现在咬一口，大家听听这个声音！

（咬苹果，发出清脆的声音）

主播：听到了吗？这个苹果非常脆，每一口都能感觉到丰富的汁水，非常解渴！我再吃一口，大家看看果肉。

（再咬一口，展示苹果上较美观的咬面）

主播：这个苹果的果肉非常紧实，这说明苹果非常新鲜，不是存货，也没有经过任何加工。

主播：而且这个苹果的果香很浓，清新的果香让人垂涎欲滴。这个苹果的味道也非常好，酸甜可口，不会太酸也不会太甜，恰到好处，让人一口接一口，停不下来。

主播：如果你们也想要尝一尝这个苹果，就赶快下单吧，现在下单还有满减优惠，数量有限，先下单先得，你们还在等什么呢？

环节5：促销收尾

主播：现在我要给大家带来一个好消息，就是只要今天在直播间购买我们的农产品，不管是水果、蔬菜、肉类、蛋类，还是其他的特产，只要满××元，都可以参加抽奖活动，有机会赢取我们的精美奖品！

主播：奖品有我们农场特制的果酱、蜂蜜、酸奶等，都是我们自己制作的，非常美味，而且还有一个特别的大奖，就是农场一日游，中奖的观众可以到我们的农场，体验农场的生活，品尝农产品，还可以和我们的农民朋友们交流学习，体验种植的辛苦和丰收的喜悦，想不想来？

主播：那么，怎么样才能参加我们的抽奖活动呢？很简单，只要今天在直播间购买任何一款我们的农产品，都可以获得一次抽奖机会，每消费100元，就可以多获得一次抽奖机会，抽奖次数越多，中奖概率越高哦！

主播：抽奖活动将在直播结束前进行，我们会在屏幕上显示出所有参与抽奖的用户的昵称，然后随机抽取幸运用户。

主播：一等奖是农场一日游，包括往返交通、餐饮、农场参观、农产品采摘、农事体验等，价值1 000元，共1名。二等奖是农场特制的果酱、蜂蜜、酸奶各一份，价值200元，共5名。三等奖是农场特产礼盒，包括××脐橙、××小鱼干、××豆腐乳、××米酒等，价值100元，共10名。四等奖是农场商城满100减20的优惠券，可在农场商城购买农产品时使用，共20名。

主播：奖品丰富，而且都是我们农场的特色产品，大家一定会喜欢的。赶快行动吧，购买农产品，参与抽奖活动，赢取奖品，享受服务，让我们一起为农民朋友们加油，为农业发展助力，为美好生活点赞！

6.1.4 脚本模板

环节 1：直播开场

主播：_____（对粉丝的称呼）好！每天这个时间，每天不变的约定（开场语）！我是××，今天我为大家准备的是来自全国各地的优质农产品，让大家在家就能吃到新鲜、健康、_____（形容词）的农产品！

环节 2：农产品展示

（现场工作人员展示农产品，介绍农产品的品种、产地、特点、营养价值等，同时配以图片、视频等多媒体资料）

主播：让我们来看看这一款来自_____（产地）的_____（品名）吧！这是一种非常_____（核心卖点）的_____（品名），它生长在_____（产地介绍），没有任何污染、纯天然、绿色、有机。

主播：它的_____像_____（卖点介绍），香气浓郁、口感细腻、营养丰富、_____（优势说明），可清炒、可炖汤，食用方法多样。

主播：这种_____（品名）的产量_____（特点说明），每年只有_____（特点说明），所以它的价格也不低，市场上一斤要卖到_____（价格说明）元呢！但是今天在我们的直播间，每斤只要_____（价格优势）元，而且还包邮哦！这是一次非常难得的机会，千万不要错过啊！

环节 3：试吃互动

（主播一边介绍一边试吃，通过试吃向观众介绍农产品的品质，进一步说服观众下单）

主播：现在我要给大家试吃一下这个_____（品名），让大家感受一下它的好品质！（放入嘴里，咀嚼，表情享受）哇，真的太好吃了！

主播：你们看，这个_____（品名）的肉质非常饱满，一咬就流出汁水，香味扑鼻，没有一点的_____（负面特征）或者_____（负面特征），完全是大自然的馈赠。

主播：我觉得这个_____（品名）就是一道天然的美食，不需要任何的调料，就可以让人欲罢不能！大家有没有流口水啊？如果大家也想品尝_____（品名）的美味，那就赶快下单吧！数量有限，先到先得哦！

环节 4：优惠活动

主播：今天，我们特意为家人们准备了满减活动，只要在我们的直播间购买任意的农产品，就可以享受折扣优惠。满_____（数额）元减_____（数额）元，相当于_____（折扣说明）哦！满_____（数额）元减_____（数额）元，相当于_____（折扣说明）哦！满_____（数额）元减_____（数额）元，相当于_____（折扣说明）哦！

环节 5：互动环节

主播：家人们有什么问题，都可以发弹幕让我们看见，我们会在直播中给大家解答。同时，我们还将抽取几位幸运观众送出我们精心准备的小礼品！

（收集观众提问，进行回答和互动）

主播：我们看到××朋友发的"_____（弹幕）"，这个_____（问题说明）是_____（问题解答），完全不用担心，_____（承诺说明）。

环节 6：催单收尾

主播：家人们，我们这次_____（活动介绍）活动的优惠力度是今年之最，现在拍能省_____（具体数额）钱呢，而且主播今天还给大家再额外赠送一个价值_____（具体数额）元的赠品，这个赠品_____（赠品简称）也非常好吃。喜欢的家人直接拍！

主播：真的是最后_____（具体时间）分钟啦，_____（品名）也只剩下最后的_____（具体数量）了，想吃的家人抓紧拍，因为这个系列暂时没办法补库存了，只要喜欢，只要心动，_____（购物车链接编号）号链接抓紧下单，秒拍秒付，还在纠结犹豫的，先把名额占下来，错过就没有啦！

6.2 产品介绍类脚本

6.2.1 撰写脚本的注意事项

1. 明确产品特点和目标受众

了解产品的核心卖点和优势，以及产品的目标市场和消费者需求，是撰写脚本的基础。撰写脚本前,需要对产品进行充分的了解和分析,找出产品的特色和优势,以及产品的适用场景和受益人群,从而确定直播的主题和目标。例如,如果要销售苹果,需要知道苹果的品种、产地、品质、口感、营养价值等信息,以及消费者情况,如年龄、性别、健康状况、喜好等,以便根据不同的受众群体,选择不同的角度和侧重点,来展示苹果的价值。

2. 选择合适的脚本类型和写作方法

根据产品的属性和受众的喜好,选择合适的脚本类型,如图文展示型、故事情境型和创意趣味型等,以及合适的写作方法,如使用问题引导、数据支撑、情感讲述、对比分析等。

(1) 图文展示型。图文展示是通过图片和文字,直观地展示产品的外观、功能、效果等,让观众能够清楚地了解产品的信息和优势。可以用数据支撑、对比分析、专业评价等方法,来提高产品的可信度和竞争力。

(2) 故事情境型。故事情境是将产品融入有趣或感人的故事情境中,通过讲述故事引发观众共鸣可以用情感讲述、故事引导、场景营造等方法,来增加产品的吸引力和影响力。

(3) 创意趣味型。创意趣味是通过一些新颖或幽默的创意,让产品的介绍更加有趣和生动,从而吸引观众注意。可以用比喻、夸张、反讽等手法,来增加产品的趣味性。

3. 注重创意构思和情感共鸣

进行创意构思时,需要运用想象力和创造力,将产品的特点与一些新颖或幽默的创意相结合,让产品的介绍更加有趣和生动。同时,通过情感讲述等方法,引发观众的情感共鸣,增加产品的吸引力。

4. 用语简洁

撰写脚本时,需要注意用语准确、规范,避免使用难懂的专业术语、复杂的词语、冗长的句子。同时,需要突出产品的核心卖点和价值主张,避免无关或重复的内容,让受众能够清楚地知道产品的特色和好处。另外,需要使用恰当的修辞,如夸张、倒装、反问等,来增加脚本的说服力和感染力,也让观众能够产生兴趣

6.2.2 脚本的重点内容

产品介绍类脚本的内容包括农产品的品质、产地、种植方式、营养成分、食用方法等,其重点内容主要有以下方面。

1. 分析目标受众群体

分析目标受众群体是撰写任何类型的脚本的前提。应分析观众的特征、需求、喜好、习惯等,并以此为依据确定直播形式。

如果观众主要是年轻的城市白领,可以通过与时尚、休闲相关话题来引入农产品,强调其美容、养生等功效;如果观众主要是中老年人,可以用与养生、保健相关的话题来引入农产品,强调农产品的品质、营养价值等优点。

2. 突出农产品的特点和优势

可用相关的数据来突出农产品的特点和优势,通过对比说明其与其他农产品的区别。

如果销售特色水果,可以介绍它的产地、品种、口感、历年销售数据、营养素含量等;如果销售有机蔬菜,可以介绍它的种植方式、质量标准、营养成分、相关检测结果等。

3. 展示农产品的形象和品质

可使用图像、视频、音频等方式展示农产品的外观、颜色,以及农产品的产地、种植方式、质量标准等,使介绍更具真实性。例如,用高清的照片或视频来展示农产品的形状、大小、颜色、产地、种植方式等,用清晰的音频或现场演示来展示农产品口感等,用详细的文字或图表来展示农产品的营养成分、质量标准等。

4. 介绍农产品的食用方法

在产品介绍类脚本中,要介绍农产品的食用方法、储存方法等,可通过现场示范来介绍农产品的食用方法,如清炒、榨汁、煮汤等。

5. 提供农产品的价格和优惠信息

可以通过对比同类产品的价格来突出直播间产品价格的优惠力度,以此吸引观众购买。常用的优惠活动有买一送一、满减、包邮等。介绍优惠活动的时候也要引导观众及时下单。

6.2.3 案例

××蜂蜜产品介绍脚本

环节1：开场白

主播：大家好，欢迎来到××的土特产直播间，今天准备的是咱们当地极具特色的纯天然蜂蜜！

环节2：产品引入

主播：主播先给大家看一下咱们家的蜂场，主播背后大屏幕展示的是昨天拍摄的视频，蜂蜜的蜜源是咱们当地特有的植物，没有任何污染和农药。

环节3：产品介绍

主播：咱家的蜂蜜经过严格的筛选、过滤、灭菌、密封等工序，保证每一瓶都纯净无杂质、无添加剂、无防腐剂、无添加糖等。

主播：××你这个问题很好，我非常理解大家对蜂蜜品质的担心，其实鉴别蜂蜜真假的方法有很多，如看颜色、尝味道、试黏度、看结晶等。毕竟只靠主播自己说很难让大家信服，那主播就给大家演示一下鉴别的方法。

主播：大家看主播这儿有两瓶蜂蜜，这一瓶是咱们家的纯天然槐花蜂蜜，另一瓶是加了香精等添加剂的假槐花蜂蜜，大家看一下颜色。

主播：咱们家的槐花蜂蜜是淡黄色、透明的，而这个假蜂蜜是深黄色、不透明的。这是因为真正的槐花蜂蜜是由槐花的花蜜和花粉组成的，而假蜂蜜是由添加剂和水调成的，颜色会稍深且浑浊。

主播：再给大家尝一下味道，我先尝一下咱们家的槐花蜂蜜，大家看入口后主播的舌头上没有任何残留，但是口腔中却留有一种淡淡的清香和甘甜。再尝一下这个假蜂蜜，大家看主播舌头上有一层白色的泡沫，这是因为假蜂蜜中有很多糖分和香精，味道就是特别甜。

主播：咱们再试一下黏度。主播用两根筷子分别挑起两个瓶中的蜂蜜，大家可以看到咱们家的槐花蜂蜜挑起后是很细很均匀的丝状，而这个假蜂蜜被挑起后是很粗且不连续的块状。这是因为真正的槐花蜂蜜是由很多微小的水分子组成的，而假蜂蜜是由很多大颗粒的糖分组成的，他们的黏度是不一样的。

主播：通过这几个简单的方法，大家就可以自行在家中鉴别蜂蜜的真假了。

环节4：优惠介绍

主播：好了，时间不早啦，主播要赶紧上链接了，有需要的观众抓紧下单哦！

主播：我们的蜂蜜是新鲜采集，数量有限，先到先得，下单越快，收货越快！

主播：而且今天下单还有优惠，就是买三送一！今天只要购买任意三瓶咱们家的纯天然蜂蜜，口味可以任意搭配，就可以免费再送一瓶同样规格的任意口味的蜂蜜！

6.2.4 脚本中的常用句式

1. "这是今天给大家带来的第一个农产品，是_____（地名）地区的特产，种植在_____（地名）山上，光照、氧气和水分充足，因此，品质非常_____（形容词），肉质_____（形容词），味道_____（形容词），是市面上少有的好货！"

2. "大家看，这是我们刚刚签下的_____（品名），都是_____（品种介绍）的大果、特大果，它的颜色_____（颜色介绍），形状是_____（外形介绍），品质高、水分足、_____（卖点介绍）！它不仅外观好看，而且果肉更棒，它的营养价值_____（营养介绍），它的食用方法_____（食用说明），推荐大家尝一尝！"

3. "亲爱的_____（观众称呼），我们的_____（品名）是使用优质的_____（品质介绍），按照传统的方法，手工采摘、晒干、揉捻、烘焙，保留了_____（品名）的原汁原味，让大家可以品尝纯正的_____（卖点介绍）。"

6.3 聊天互动类脚本

6.3.1 撰写脚本的目的

1. 解答观众问题

（1）主播要对所推荐的产品有充分的了解，包括产品的功能、特点、优势、适用人群、使用方法、注意事项等，能够回答观众有关产品的任何问题。

（2）主播要及时关注观众的留言和反馈，主动回答观众的问题，不要忽视或者避开观众的提问，也不要敷衍或者误导观众，要给出真实、客观、有理有据的答案。

（3）解答观众问题时，要让观众能听懂并理解。主播要用简单易懂的语言，解释产品的相关情况，避免使用过于专业或复杂的术语。同时，要注意说话的语气，应温和有礼，不可傲慢或者不耐烦。

（4）主播要根据观众的需求和喜好，选择适合他们的产品进行销售，从而实现双赢。

2. 吸引观众注意

（1）用有趣、有创意、有亮点的话术，如通过夸张、反差等手法，营造轻松、幽默的氛围等，吸引观众的注意。

（2）用有吸引力、诱惑力，且实惠的福利，如折扣、优惠券、赠品、抽奖等，激发观众的购买欲和参与欲，吸引观众的注意。

（3）用有感染力、有水平的才艺如唱歌、跳舞、变魔术、演奏乐器等，通过展示个人风采和特长，吸引观众的注意。

3. 引导观众行动

（1）可以通过倒计时、限量、限时等方法，制造紧迫感和稀缺感，引导、催促观众下单。

（2）通过对比价格，如与市场价对比、将直播间优惠价与原价对比等，让观众看到优惠，进而引导观众下单。

（3）用有效的话术，直接或间接地引导观众下单。

6.3.2 脚本定位

1. 确定风格和定位

主播的风格和定位是区分其与其他主播的重要因素。不同的风格和定位吸引的观众类型也不同，因此所使用的聊天话术和互动方法也不同。

例如，专业型主播的风格偏严谨，其定位是为观众提供专业的知识和建议，选品时应更倾向于高品质、高性价比、有品牌保证的产品，所用话术应客观、理性、有数据支撑。

2. 选择话题和观点

主播与观众互动的技巧是影响观众购买意愿的关键因素之一。不同的话题和观点所引发的反响也各不相同。例如，涉及时尚、美容、健康等方面的话题，主播可以分享自己的经验、心得、感受，也可以邀请观众参与讨论，通过互动调动观众的热情。与观众互动时，主播应避免选择涉及政治、宗教、性别、种族等方面的话题。

3. 态度真诚

真诚的态度是主播与观众互动的原则，也是赢得观众信赖的基础。任何情况下，主播都应坚持自己的风格和定位，不可随意改变自己的观点和立场，不可为了迎合观众或者推销产品而说谎或者夸大事实，不可为了利益或者压力而放弃自己的原则和底线。

例如，主播之前推荐过某个产品，后来发现这个产品有质量问题或者实物未达到商家承诺的标准，这种情况应该及时向观众说明情况，道歉并提供解决方案，而不应继续销售。如果主播之前对某个话题或者观点发表过看法，但后来发现自己的看法有误或者不合适，这种情况应该诚实地承认错误，更正并解释，而不是翻脸或者避而不谈。真诚的态度和负责的表现可以帮助主播塑造良好的形象。

6.3.3 案例

××直播间玉米销售聊天互动脚本

环节1：话题引入

主播：直播间里有多少小时候在田间地头烤过玉米吃的朋友？直到现在主播还怀念小时候吃过的烤玉米的味道。啧，真是太好吃了，这些年再也没有吃到过小时候的味道了。

公屏1：没错，烤玉米、烤红薯。

公屏2：太怀念了。

主播：接下来我给大家带来的就是小时候的味道，××（产地或名称）黄糯鲜玉米，Q弹软糯，一箱有5穗和10穗两种规格，带大家一起回味儿时的味道。

环节2：聊天互动

公屏3：是不是鲜玉米啊？

主播：是鲜玉米啊！大家看看我们家的玉米都是刚摘的带皮的新鲜玉米，大家看看我们家玉米的品质。

主播：家人们看一下，玉米须都是新鲜的，我再给大家剥开看看。

主播：大家看我们家玉米的色泽，多鲜亮，且每一粒都圆润饱满，紧密排列，轻轻一按就出汁水，非常嫩。

公屏4：金黄金黄的，好漂亮！

公屏5：这是有机玉米吗？不是转基因的吧？

主播：家人们，我们家的所有玉米都是有机产品，绝不销售转基因的玉米，我们对每一穗玉米负责。

主播：我们家的玉米无污染、无化肥、无农药、非转基因，是健康的绿色食品。

公屏6：以前玉米不都是这么种的？

主播：我们家每一穗黄糯鲜玉米都经过严格的检验，都具有完整的检验报告，保证每一穗玉米都是新鲜的、健康的。

公屏7：有没有其他品种的玉米啊？

主播：有的，我们家的玉米还有白玉米、紫玉米、黑玉米、彩玉米，以及水果玉米。喜欢吃其他品种玉米的家人点击我们的直播间头像进入店铺首页，挑选即可，直播间优惠可以通用哦！

环节3：催单收尾

主播：今天在直播间下单的家人们可以享受粉丝专享价，5穗××元，10穗××元！

主播：主播再给大家送一个亲友福利，消费满××元可使用30元的满减券。

主播：家人们，满减券已经发出，大家点击直播间上方的福袋领取啊！数量有限，领完即止！

主播：米，家人们，17号链接，××（品牌名）黄糯鲜玉米，儿时美味，抓紧抢购。

6.3.4 撰写脚本的注意事项

1. 遵守法律法规

遵守相关法律法规是直播销售的基本要求。主播需要了解并遵守与直播销售相关的法律法规，如《中华人民共和国广告法》《中华人民共和国消费者权益保护法》等，确保直播中的聊天互动内容合法、合规，无虚假宣传、误导消费者等问题。

2. 遵守平台规则

不同的直播平台有不同的规则和要求。主播需要了解并遵守所在平台的规则，如直播时间、直播内容、互动方式等，确保直播中的聊天互动内容符合平台要求，避免因违规行为影响直播销售的效果。

3. 保护知识产权

在直播的聊天互动过程中，主播需要尊重他人的知识产权，确保使用的图标、图片等不侵犯他人的合法权益。

4. 保护观众隐私

在直播的聊天互动过程中，可能会涉及观众的隐私信息。主播应保护观众的隐私信息不被泄露或滥用，否则可能会引起纠纷、诉讼等问题。

5. 明确脚本目标

明确的目标是撰写脚本的关键。脚本的目标可以是提升品牌知名度、推销特定的产品或服务、增加销量和收入等。

6. 做好受众分析

主播需要了解其粉丝的年龄、性别和消费习惯等，可通过市场调研、数据分析或社交媒体互动等方式，了解他们的消费需求，以便主播有针对性地进行选品。

6.4 视频传播类脚本

6.4.1 短视频脚本的内容

1. 时长和平台

不同的平台有不同的用户群体和偏好，也有不同的流量规则和推荐机制。因此，要

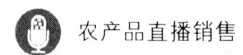

根据平台的特色和要求，选择合适的时长和内容类型，避免时间过长或过短，内容过于复杂或过于简单。一般来说，短视频的时长在 15 秒到 3 分钟，可以根据平台的数据分析，找到最佳的时长区间。

2. 类型和风格

短视频有娱乐、教育、美食、萌宠等多种类型，不同类型的短视频其主题也各不相同。例如，教程类的短视频要有问题和解决方案及总结等内容；种草类的视频要有产品的亮点和使用体验及适用场景等内容。

此外，短视频的内容要有吸引力和创意，能抓住观众的注意力和兴趣。一般来说，短视频的前几秒就要有能吸引观众注意的内容，让观众想要继续观看下去。

短视频的风格有搞笑、剧情、纪录片等，不同风格的表达方式和受众也有所不同。因此，短视频的脚本要根据短视频的类型和风格选择合适的内容和表达方式。

3. 传播和互动

短视频的传播和互动是衡量视频成功与否的重要标准，相关指标有播放次数、点赞数量、评论数量、分享次数等。因此，撰写短视频脚本时，可以通过设置话题，吸引观众留言讨论等。

6.4.2 短视频脚本的撰写要求

短视频脚本是指在拍摄短视频之前，对视频的内容、结构、镜头、音效等进行规划和设计的文本。撰写短视频脚本需要考虑以下几个方面的内容。

1. 短视频的风格和定位

不同的平台有不同的流量规则和用户偏好，不同的主题有不同的表达方式，不同的风格有不同的氛围和情感，不同的受众有不同的需求和期待。因此，撰写短视频脚本之前要先做好市场调研和用户分析，了解目标受众和竞争对手，明确自己的优势和特点，确定自己的短视频风格和定位。

2. 短视频的结构

短视频的结构是指短视频的整体框架，通常包括开场、中间、结尾 3 个部分。

开场部分要吸引用户的注意力，可以使用引言、设置问题和悬念等方式，让观众产生兴趣。中间部分是短视频的主要内容，可以有故事、有案例、有数据等，内容要丰富，逻辑要清晰。结尾部分应总结短视频的要点。因此，短视频的结构要清晰明了，符合短视频的主题和目标。

3. 短视频的镜头拆分

短视频的镜头拆分是指把视频的内容细化到每一个镜头，每个镜头都要有清晰的画面、动作、台词、音乐等元素。镜头拆分要考虑以下4个方面。

（1）景别。景别是指拍摄的距离和角度，如远景、全景、中景、近景、特写等，不同的景别有不同的表现力，应根据短视频的内容选择合适的景别。

（2）运动。运动是指镜头的移动方式，如前推后拉、环绕运镜、低角度运镜等，不同的运动方式有不同的画面效果，应根据短视频的节奏选择合适的运动方式。

（3）时长。时长是指每个镜头的持续时间，应根据短视频的总时长和内容的重要性合理安排，避免过长或过短。

（4）内容。内容是指每个镜头要表达的信息，应根据短视频的主题设置每个镜头的内容，避免内容重复。

4. 短视频的细节优化

短视频的细节包含短视频的节奏、氛围、情感、创意等方面，重点关注这些方面的优化可让短视频更加生动和有趣。

（1）节奏。节奏是指短视频中画面的变化速度和顺序安排，应根据视频的风格和内容选择合适的节奏，避免过快或过慢。

（2）氛围。氛围是指通过色彩搭配和音效营造出的情境和气氛，应根据视频的主题和各部分的内容进行搭配。

（3）情感。情感是指短视频内容要表达和传递的情感，应根据目标受众确定情感内容，避免过于平淡。

（4）创意。创意是指能够吸引和留住观众的独特之处，短视频中的创意应合规合理，避免过于奇怪。

5. 短视频的脚本形式

脚本的形式是指脚本的呈现方式，不同的视频类型其脚本形式也有所不同，常见的有提纲脚本、分镜头脚本和文学脚本。

（1）在提纲脚本中只写视频的大纲和要点，不写每个镜头的细节，适合内容简单或灵活的视频。

（2）在分镜头脚本中，需把视频中每个镜头的内容都写清楚，包括画面、动作、台词、音乐等，适合内容丰富的视频。

（3）文学脚本是把视频的内容以文学作品的形式呈现，如小说、诗歌、剧本等，适合艺术类视频。

6.4.3 撰写短视频脚本的注意事项

1. 主题要清晰

一个好的短视频需要有一个引人入胜的主题，这样才能吸引观众的注意力。短视频脚本的逻辑要清晰，主题要明确。例如，关于美食的短视频，可以将某个具体的菜品、某种食材作为主题，而不是泛泛地介绍美食的好处或特点。可以用一个吸引人的标题概括短视频的主题，如"如何用3分钟做出一碗香喷喷的酸辣粉"或"一定要尝一尝这种水果，它的味道竟然是……"。

2. 时长不可过长

短视频的特点是时间短，内容丰富。短视频的时长一般应控制在30秒到3分钟之间。例如，关于旅游的短视频，可以将一天行程的重点部分或选择一个具有代表性的景点作为短视频的重点，将其在时长为3分钟之内的短视频中展示。并通过标题概括旅游体验，如"我在巴黎的一天，看到了这些令人惊叹的美景"或"我在马尔代夫的一天，做了这些刺激的冒险"。

3. 文案内容适中

撰写短视频脚本时，不要追求过多的文字表述，要简明扼要地表述想要传达的信息。例如，关于教育的短视频，除了用文字表述外，还可用图表作为辅助说明。

4. 选用合适的配乐

短视频中除了文字内容外，还可添加合适的图片和音乐等，以吸引观众的注意。例如，关于健康的短视频，可以通过案例来说明观点，并用图像和合适的音乐来营造气氛。

5. 不要忽视调研和测试

在撰写短视频脚本前，应进行调研，了解目标观众的兴趣等。撰写完成后，可通过测试不断完善脚本内容。例如，关于时尚的短视频，可以通过分析同类视频的数据，了解观众喜欢什么样的风格、颜色或搭配。通过设置一些互动环节，如投票、评论或抽奖等，吸引观众参与，从而增加主播的影响力。

第 7 章
直播实施：4 个阶段

7.1 预热阶段 /95

7.2 产品介绍阶段 /98

7.3 互动答疑阶段 /104

7.4 收尾阶段 /107

7.1 预热阶段

7.1.1 直播预告

直播预告是预先发布的一段简短的视频或文字,用来宣传即将进行的直播活动。通常包含直播时间、主题、产品展示等信息,目的是吸引观众的注意,激发他们的兴趣,并引导他们在指定的时间观看直播。

1. 引起观众兴趣

在直播预告中,可以通过一些有趣的问题或者挑战来吸引观众的注意力。根据直播的主题和内容,设计一些有创意的问题或者挑战,吸引观众参与答题或参与挑战,也可以用一些数据、事实或者故事来引发观众的思考和讨论。

例如,"你知道这些农产品是如何种植的吗?""你想了解健康的食材有哪些吗?""我们将在直播中揭晓一个神秘的惊喜,你绝对不要错过!""你知道世界上最辣的辣椒是什么吗?你敢尝试吗?"或者"你能猜出这道菜的主要食材是什么吗?提示:是一种水果"等。

2. 强调产品特点

在直播预告中,需要向观众展示产品的特点。可以从健康、新鲜、有机等方面来突出产品的优势,让观众了解产品的品质和价值。还可以通过介绍产品的种植方法、采摘时间等细节来展示产品的特色。

例如,"这些农产品都是从我们自己的农场直接发货,保证产品的新鲜度和安全性。我们的农场位于××地区,那里土壤肥沃、水质清澈、空气清新,是种植农产品的理想之地。"或者"我们的农产品都是采用有机肥料,没有使用任何化学药剂,保证无公害和无污染。我们的农产品都是自然成熟,并在最佳的成熟期采摘,营养丰富、口感鲜美。而且,我们的农产品都是经过严格的检验和包装,确保产品的卫生和质量。我们的农产品,让你吃得安心,吃得健康,吃得美味!"

此外,在直播预告中可以展示一些产品图片和场景图片,让观众看到产品的品相,以及生长环境和采摘过程,增加预告的视觉吸引力和信任感。

例如,你可以说:"看,这就是我们的农产品,新鲜采摘,没有经过任何加工,保留了原汁原味。再给大家看一段农场的视频,带大家看看我们的农场和农田,更多精彩会在直播间中呈现,快来直播间看看吧!"

3. 提示直播日期

在直播预告中,需要让观众清楚地知道直播的日期和具体时间,以便观众提前安排好时间,观看直播。可以使用醒目的字体和颜色来突出日期和时间,让观众一眼就能看到。

例如,在直播预告中可以用大号的红色字体写"××月××日,晚上××点,我们不见不散!"或者"不要错过我们的直播!××月××日,晚上××点,我们等你!"。

还可以提醒观众提前设置闹钟观看直播。如"记得在手机上设置好闹钟,或者在日历上标记好直播时间,我们的直播你一定要来哦!"或者"如果你怕忘记我们的直播,可以点击这里预约我们的直播,我们会在直播开始前给你发送提醒消息,让你不会错过任何精彩内容!"

4. 介绍精彩内容

在直播预告中,可以透露一些互动环节,如定时福袋、有奖问答等。通过互动吸引观众关注直播。例如,"在直播中,我们将进行有奖问答和抽奖活动,只要关注我们的账号并参与互动,就有机会赢取丰厚的奖品!奖品包括农产品尝鲜装、优惠券、现金红包等,等你来拿。"

在制作农产品直播预告时,需要掌握一些技巧,以吸引观众的注意力、激发观众的兴趣,并引导观众在指定的时间观看直播。在直播预告中应介绍产品的特点、直播日期、互动环节等,让观众对产品有一定的了解和期待。可以通过设置悬念和互动环节来增加观众的期待值,通过图片和视频来直观地展示产品的生长环境、采摘过程等。引人入胜的农产品直播预告可以为直播活动取得成功打下坚实的基础。

7.1.2 直播预热

直播预热是指在直播活动开始之前,通过各种渠道和手段进行宣传和推广,以吸引更多的观众关注和参与直播。与直播预告不同，直播预热更注重营造氛围、激发观众的期待。

1. 社交媒体宣传

在社交媒体上，提前发布直播预告，是一种有效的吸引和留住观众的方法。在直播预告中，介绍直播的时间、主题和特色产品等信息，让观众提前对直播内容有一定的了解和期待。也可以通过吸引人的标题和描述，引起观众的兴趣或产生好奇心，让他们想要进入直播间一探究竟。

例如，"绿色农产品直供，健康生活从源头抓起！#有机蔬菜# #绿色农业#"，这样的标题，既能突出直播的主题和卖点，又能吸引那些关注健康和环保的观众的关注。发布直播预告时，可以利用社交媒体的功能，如话题分享、话题标签、@好友等，增加宣传的覆盖面和影响力。此外，还可以将直播预告分享到相关的话题或者群组中，通过群中好友的转发和推荐，可以让更多的人看到直播信息。发布直播预告可以为直播带来更多的流量。

2. 直播平台宣传

在直播平台发布预热视频，可以通过制造悬念和惊喜，让观众对直播内容产生期待，让他们有观看的动力和兴趣。还可以透露一些福利信息，但不要全部揭露，留一些悬念，让观众想要知道更多的内容。

例如，"我们在今天的直播中为大家准备了价值××元的大奖，具体奖品将在直播中揭晓。敬请期待！"

3. 借助影响力人士

在网络营销中，影响力人士是一种重要的资源，他们拥有大量的忠实粉丝，能够对他们的观点和推荐产生信任和认同。

找到与农产品或者农业主题相关的影响力人士，达成合作后让他们在自己的平台上宣传直播，是一种有效的提高直播曝光度和吸引潜在客户的方法。

例如，带上话题并@专家名人，可以提前发布这样的内容："【合作推广】与健康生活专家@×××共同推荐！绿色农产品直播，不容错过！"

同时也可以考虑与具有影响力的网红合作，让他们在自己的平台上宣传直播。例如:"【KOL(关键意见领袖)合作】与知名美食博主@×××合作推荐!绿色农产品直供,健康生活从源头抓起!"

在预热视频中还可以介绍农产品的最新市场动态,或者分享一些行业内的小知识或者农业相关的资讯来吸引观众的关注,如农产品的营养价值、食用方法、保存技巧等,让观众对农产品有更多的了解和认识。也可以分享一些农业的趣闻、故事、历史等,让观众对直播间的农产品有更多的兴趣和好感。

例如,"知道吗?我们的农产品不仅美味,还有很高的营养价值。我们的××浑身是个宝,富含××成分,可以增强××。想知道怎么食用效果最好吗?想知道怎么保存才能保持新鲜吗?快来直播间,告诉你更多的小窍门。"

4. 创造紧迫感

此外,还可以在预热视频中明确标注直播的时间范围和产品的库存量等信息,通过限制时间、限制数量等方法,增加观众的紧迫感,让观众感觉错过这次直播就是错过了一个难得的机会。

例如,"【紧急通知】直播时间仅限今晚××点至××点!库存有限,先到先得!快来购买你心仪的绿色农产品吧!"

通过精心策划和实施直播预热策略,可以增加直播活动的曝光度和参与度,提高农产品的销售量,同时增强观众对农产品品牌的好感和信任。

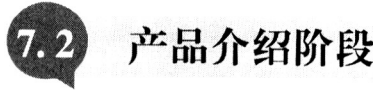

7.2 产品介绍阶段

7.2.1 开场方法

直播开场是指主播启动直播流程的初始阶段,这个环节对于整个直播的成功与否至关重要。因此,有趣且有吸引力的开场方式可以吸引观众的注意并让观众对直播间保持兴趣。

出色的直播开场能够迅速激起观众的好奇心和兴趣,提高观众对直播内容的期待值，从而增加观看时间和参与度。在直播开场中，主播可以通过精彩的语言、吸引人的视觉元素或互动等，向观众传递热情，让每一个进入直播间的观众都能感受到主播的热情。

开场时，应介绍主题、问候观众，以及预告互动活动。常用的农产品直播开场方法如下。

1. 展示特色产品

直播开始时，需要让观众对农产品和直播间有一个直观的印象，可以使用一些视觉和听觉上的元素来吸引观众的注意力，让观众对直播间感兴趣。

开场时可以展示颜色较鲜艳的农产品，向观众展示农产品的色泽、形状、大小等。也可以播放农产品生长环境的视频并配以轻松的音乐，让观众了解农产品的种植和生长情况。

例如，"欢迎大家来到我们的直播间！请看这一篮子刚从田里摘回来的草莓，像小灯笼一样，新鲜又诱人。这些草莓都是我们自己种植的，没有使用任何化学药剂，保证安全和卫生。给大家看一段视频，视频中是我们的草莓园，我们的草莓园位于××地区，那里气候适宜、土壤肥沃、水质清澈，是种植草莓的理想之地。今天在我们的直播间，除了这种高品质的草莓外，还有更多惊喜等着你们哦！"

2. 讲述农产品故事

直播开始时，可以通过讲述产品背后的故事与观众建立情感联系，引起观众共鸣。通过分享农产品的种植过程、农民的辛勤劳作等增加观众对农产品的喜爱。

例如，"亲爱的观众，你们看到的这些新鲜的有机蔬菜，每一片叶子都承载着农民伯伯的汗水和努力。他们在田里辛勤劳作，只为给我们带来健康、天然的食物。今天，我要为大家讲述一个发生在田间地头的温暖故事。"

3. 分享种植技巧

直播开始时，为了展示主播的专业性，可以向观众介绍农产品从播种到收获的过程，传授一些实用的种植技巧。也可以分享一些关于农产品的专业知识，如营养价值、食用方法等，增加观众对主播的信任和喜爱程度。

例如，"亲爱的观众朋友们，这些茂盛的番茄植株是我们采用有机种植法精心培育出来的。今天，我将分享一些实用的种植小窍门，让大家在家也能轻松种出健康美味的蔬菜。除此之外，想知道更多美味的番茄菜肴吗？那就关注我们的直播间，稍后为大家展示。"

4. 提问互动

在开场阶段可以根据直播主题和内容设计一些有趣的互动活动，调动观众的积极性，让观众积极参与互动和交流，提升观众的参与感和活跃度。

例如，"在我们开始今天的农产品之旅前，请大家积极参与我们的投票活动，选择你们最感兴趣的农产品，我会根据大家的选择，为大家介绍产品的详细信息。"

5. 介绍直播流程

在直播开始时向观众介绍直播的流程和计划，让观众知道今天的直播内容，增加观众的期待感。

例如，"在今天的直播中，我会带大家一起参观番茄种植大棚，看看我们家番茄的种植环境。而后，会教大家几道以番茄为原料的菜肴的做法，丰富大家的餐桌。最后，还为大家准备了抽奖活动，积极参加就有机会赢得我们的特色农产品哦！"

7.2.2 产品介绍方法

直播过程中的产品介绍是指通过网络直播平台实时向观众展示和介绍产品的过程。详细的产品介绍可以让观众更清楚地了解产品的基本情况，如功效、使用方法等，从而增强观众的购买欲。

在直播过程中，主播可以边介绍产品，边解答观众的疑题，还可以通过限时优惠、互动抽奖等活动激发观众的购买欲，从而提高转化率。农产品直播过程中常用的产品介绍方法如下。

1. 故事营销法

通过讲述产品背后的故事引起观众对其的兴趣。这种方法能够激发观众的情感共鸣，让产品不仅仅是一个物品，而是一个有生命、有情感的故事主角。

例如，"亲爱的观众，今天我给大家带来的是××蜂蜜，它背后有一个温暖人心的故事。在我们县城的一个小山村，有一位一生痴迷养蜂的老人，我们县的每一座山头都留下过他寻找蜜源的脚印，因此大家亲切地称呼他为'蜜蜂爷爷'。今天为大家准备的蜂蜜就是'蜜蜂爷爷'家的蜂蜜，每一瓶蜂蜜都凝聚了'蜜蜂爷爷'对自然的尊重和对生活的热爱。现在，我带大家一起品尝下这份自然的甘甜吧。"

2. 互动体验法

可在介绍产品的过程中设置互动环节，如提问、投票等，调动观众的积极性，提高观众的参与度。

例如，"现在，我手里有三种果酱，分别是草莓果酱、蓝莓果酱和苹果果酱。我会先把它们的颜色、质地展示给大家看。接下来，我想邀请直播间的每一位观众，通过公屏告诉我，你们想让我先尝试哪一种果酱？我会根据大家的选择进行品尝环节，快告诉我你们的选择吧。"

3. 深度解说法

详细介绍产品的每一个细节，包括成分、生产工艺、设计理念等。通过专业详细的讲解，让观众对产品有更深的了解，从而增加产品的附加值。

例如，"这款有机绿茶，它的特点是无化肥、无农药、手工炒制。每一片茶叶都保留了完整的叶脉，茶香浓郁。我们的茶园坐落在海拔××米的××山上，那里温度和湿度都非常适合茶树生长。而且，我们只选取春季的头采嫩芽，确保每一杯茶都是上等的品质。"

4. 使用场景法

介绍产品在不同场景下的使用方法，向观众展示产品的便利性和实用性。这种方法能够引导观众在心里模拟使用产品的场景，从而激发其购买欲。

例如，"想象一下，在一个悠闲的周末，你坐在阳台上，一边享受温暖的阳光，一边品尝我们的有机苹果汁；或者是在小朋友的生日聚会上，苹果汁也是非常好的选择。这种百分百由新鲜苹果榨取而成的饮品，不仅口感醇正，而且营养丰富，能够补充身体所需的维生素C。"

5. 用户见证法

分享真实的用户评价和用后反馈。通过分享其他消费者的真实体验，增加潜在消费者对产品的信任感。

例如,"给大家看一下我们家粉丝的真实反馈。这位李先生,他说:'我是一位资深的茶叶爱好者,这款普洱茶的口感非常醇厚,回味悠长,我每天下午都会泡上一壶,它已经成为我日常生活中不可或缺的一部分。'另外,我们的客户张女士也提到:'我购买了你们的蜂蜜给家里的小孩子吃,清甜可口,孩子非常喜欢。'这些都是产品质量的有力证明。"

通过讲故事、互动、专业解说等手段,可以更全面、更立体地展示产品的特色,同时也可以让直播更加生动和具有说服力。在应用这些方法时,主播应根据农产品的特性和目标观众的偏好进行调整,使内容更加贴合观众的需求,从而提高直播的吸引力和销售效果。

7.2.3 留人方法

农产品直播留人是指在直播过程中,通过各种手段和技巧,吸引并留住观众,提高直播的观看率和在线观看人数。

直播的内容质量是吸引观众的基础,优质的内容能够吸引观众并留住观众。主播要与观众积极互动,回答他们的问题,参与他们的讨论,增强观众的黏性。此外,固定的直播时间和稳定的直播频率,可以提高观众的忠诚度,为直播间提供稳定的自然流量。还可以通过社交媒体等进行宣传和推广,扩大观众群体,提高直播的观看率。农产品直播过程中常用的留人方法如下。

1. 通过故事性内容留人

通过讲述与农产品相关的故事,增加观众对产品的情感认同和共鸣,进而留住观众。例如,"这个苹果是我家乡的特产,它不仅口感好,还有一段感人至深的故事。"

2. 通过娱乐活动留人

在直播中加入娱乐元素,如音乐、游戏等,可以增加观众的兴趣和参与度。例如,"在直播间里听音乐、玩游戏还可以赢取优惠券哦!"

3. 利用福利活动留人

推出限时特价等优惠活动，可以刺激观众的购买欲并留住观众。例如，"今天我们推出满赠活动，只要在直播间购买我们的农产品达到××元，我们就会额外赠送一份我们的特色农产品。"

4. 通过互动留人

通过问答的方式与观众互动，增加观众的参与度和黏性。例如，"大家想了解更多关于有机蔬菜的知识吗？请在直播间留言告诉我。"

5. 通过权威讲解留人

请专业人士或专家来讲解产品的特点、优势等，通过权威讲解可以让观众更加肯定产品质量提高其购买意愿。例如，"今天我们请到了农业专家××为大家详细讲解有机蔬菜的营养价值和种植技术。"

6. 通过分享评论留人

分享评论区中消费者的使用感受等，可以让观众更加了解产品的品质。

7. 通过答疑解惑留人

在直播过程中解答观众的疑问和困惑，可以解决观众的疑虑，消除观众的顾虑，增加其购买信心。例如，"大家对我们的有机蔬菜还有疑问吗？请在直播间留言，我们会为大家一一解答。"

8. 通过定期直播留人

制订合理的直播计划并保持稳定的直播频率，可以让观众知道何时来观看直播，提高观众的忠诚度。例如，"我们每周三晚上八点都会进行一场农产品直播，大家不要错过哦！"

农产品直播留人需要综合运用各种技巧和方法，调动观众的积极性，引导观众参与互动，从而将其留在直播间。此外，要根据产品的特点和目标受众的需求，选择合适的方法和策略，不断优化和调整直播的内容和形式，以满足观众的需求和期望。

通过以上方法的应用，可以更好地吸引和留住观众，提高销售转化率。

 农产品直播销售

7.3 互动答疑阶段

7.3.1 互动策略

互动是直播销售的重要环节,通过与观众进行互动,可以增加直播的活跃度、提高观众的参与度,增强观众的信任感,促进观众的购买意愿。

1. 主动打招呼,热情欢迎

直播开始时,主播要主动打招呼,热情欢迎每一位进入直播间的观众,让观众感受到主播的友好和热情,从而增加观众的好感度。

例如,"大家好,欢迎来到我的直播间,我是你们的主播小花,今天我要给大家带来一些新鲜的农产品,希望大家喜欢。请大家在公屏上打个招呼,告诉我你们是哪里人,我会一一回复的。"

2. 定期互动,拉近距离

直播过程中,主播要定期与观众互动,拉近与观众的距离,让观众感受到主播的关注,从而增加观众的忠诚度。

例如,"谢谢大家的支持,我看到有很多朋友给我点赞和送礼物,非常感谢。我现在也给大家发个福袋。大家有什么想问我的,可以在公屏上留言,我会尽量回答大家哈。"

3. 设置互动环节,增加趣味性

直播过程中,可以设置一些互动环节,增加直播的趣味性,活跃直播间的气氛,从而增加观众的黏性。

例如,"朋友们,现在我们进行有奖竞猜,我提问,大家在公屏上回答,我会随机抽取一位回答正确的朋友,送他一份农产品礼包。问题是:我手里拿的这个农产品是什么?它的特点是什么?你们有十秒的回答时间,时间到了我就公布答案,抽取中奖

者啦。"

4. 引导互动，激发参与

直播过程中，主播要引导观众参与互动，增加观众的参与感，提高直播间的活跃度。

例如，"现在我要用这个农产品制作一道美味的菜肴，大家想看吗？想看的话，就在公屏上发个爱心，爱心的数量达到××个，我就开始做菜。大家可以在公屏上告诉我你们想要我做什么菜，我会尽量满足大家的要求。"

5. 总结互动，巩固效果

直播结束前，主播要总结互动，巩固直播的效果，让观众感受到主播的真诚和对其的感激，从而增加观众的回访率。

例如，"谢谢大家的陪伴，今天的直播就要结束了，非常开心能和大家一起分享这些新鲜的农产品，希望大家都能喜欢。如果大家对我的直播有什么意见或建议，可以在评论区留言，我会认真阅读并改进。今天在我的直播间下单的，会尽快为大家发货。如果想看更多的农产品直播，可以关注我的账号，我会定期为大家带来更多的精彩内容。再次感谢大家的支持，我是小花，下次再见。"

7.3.2 答疑策略

答疑是直播销售的必要环节，通过回答观众的提问，可以消除观众的疑惑，提高观众的信任度和满意度，从而促进观众的购买行为。

1. 主动邀请提问，鼓励互动

主播要鼓励观众积极提问、积极参与互动，让观众感受到主播的诚意，提高直播间的活跃度。

例如，"大家看，这些农产品都是非常好的，如果大家有什么不明白的，可以将问题发在公屏上，不管是关于农产品的品质、产地、功能、价格，还是关于优惠活动、赠品，都可以问我，我会给大家一个满意的答案。"

2. 及时回复问题，保持沟通

主播要及时回复观众的问题，保持与观众的沟通，让观众感受到被关注和被尊重，进而增加观众的忠诚度。

例如,"谢谢大家的提问,我看到有很多朋友对这个农产品感兴趣,我现在就为大家解答。有位朋友问,××农产品的保质期是多久?这位朋友,这款农产品的保质期是一个月,按照我说的方法保存即可。还有位朋友问,运费是多少?朋友们,今天所有产品都免运费,大家直接在我的直播间下单就行啦,喜欢的快去下单。"

3. 认真回答问题,展示专业

主播要认真回答观众的问题,从专业的角度给出相关建议,提高主播的威信力,增强观众的信任感。

例如,"大家看,这些农产品都是我亲自挑选和试用过的,我可以给你们提供一些专业的建议和技巧。比如,这个苹果,它的品种是××,它的特点是甜度适中,果肉细腻,汁水多,它适合生吃、榨汁、做沙拉、做苹果派等,你们可以根据自己的喜好来选择。还有这个白菜,它的品种是大白菜,它的特点是叶片厚实、色泽翠绿、味道鲜美、营养丰富,它适合炒、煮、蒸、酸、卤等,你们可以根据自己的口味来搭配。"

4. 巧妙化解问题,转移注意

遇到无法回答的问题时,主播应巧妙化解,灵活处理,避免与观众发生冲突。

例如,"大家看,这些农产品都是非常好的,但是也有一些问题是我无法回答的,有位朋友问,××农产品能不能治病?这位朋友,我认为农产品是食品,不是药材,虽然富含×××,但不可替代药物,大家如果身体不舒服要及时就医哦!"

5. 积极回应问题,促进购买

主播要积极回应观众的问题,让观众感受到主播的真诚和热情,从而促进观众的购买行为。

例如,"大家看,这些农产品都是非常好的,有需要的朋友抓紧在我的直播间下单吧,价格优惠,售后服务好,发货速度快。有位朋友问,这个农产品的单包重量是多少?咱们家这个农产品的单包重量是一斤,小包装,使用和携带都很方便,大家可以放心购买。还有一个朋友问,收到农产品后,如果有质量问题怎么办?咱家所有农产品都支持七天无理由退换,如果收到农产品后,发现有任何的问题,都可以随时联系我,大家可以放心购买。"

7.4 收尾阶段

7.4.1 促单方式

促单是直播销售的关键环节，促单就是通过一些技巧和方法，激发用户的购买欲，促使他们在直播间下单购买。促单的目的是提高直播的转化率和销售额，增加直播收益。

促单的方式很多，不同的方式适用的场景和产品也不同，因此，在农产品直播过程中需要根据实际情况灵活选择和运用。常用的促单方式如下。

1. 限时抢购

限时抢购就是通过设置时间限制，制造紧迫感，让观众觉得如果不立即下单，就会错过一个好的机会。这种方式适用于库存有限和有一定热度的产品。

例如，"亲们，这款樱桃产自××，鲜甜多汁，但数量有限，现在开始限时抢购，限时××分钟，先到先得，错过就没有了，快快下单吧！每斤只要××元，价格比市场价便宜一半，还包邮，非常划算，大家还等什么，赶紧抢购吧！"

2. 满减优惠

满减优惠是指当观众所购买的商品达到指定金额时给予减免一定金额的优惠方式。这种方式适用于有一定的利润空间和库存的产品。

例如，"亲们，这款腊肉都是手工制作的，香嫩美味，而且价格很实惠，现在还有超级优惠活动，只要购物满××元，就可以立减××元，满××元，就可以立减××元。这样算下来，每斤腊肉只要××元，比市场价便宜一半，赶紧下单吧！直播间还有其他干货，如腊肠、腊鸭、腊鱼等，大家可以搭配购买，享受更多的优惠，快来看看吧！"

3. 赠送赠品

赠送赠品就是在观众购买某一特定产品时赠送一些额外的产品或服务，通过赠送赠品可以增加观众的收获感和满意度，从而提高其复购率。这种方式适用于促销或产品推广。

 农产品直播销售

例如,"亲们,这款蜂蜜是我们家新推出的特色产品,非常纯正,今天,只要在直播间购买蜂蜜,主播就免费赠送一盒我们的蜂蜜饼干,当早餐或零食都可以,非常好吃,多买多送,快来下单吧!我们直播间还有蜂胶、蜂王浆、蜂花粉等,大家可以根据需求自行选购,组合购买,赠品翻倍哟,买赠活动只有今天的直播有噢,家人们抓紧下单,主播还有最后××分钟就下播了。"

4. 互动游戏

互动游戏就是通过设计一些有趣的互动,来吸引观众的注意力,让他引导观众参与互动,同时促其下单。这种方式适用于产品特色不明显的产品。

例如,"亲们,这款玉米是我们的新品,软糯鲜甜,大家来猜一下这款玉米的单根重量,猜对就有机会获得我们准备的价值××元的神秘礼物,还等什么,快去公屏留言吧!喜欢甜糯口感玉米的朋友们抓紧下单。我们直播间还有其他的新鲜蔬菜,如西红柿、黄瓜、茄子等,大家可以随意选购。"

5. 社交分享

社交分享是通过鼓励观众将直播或产品分享到自己的社交平台,来扩大直播的影响力和覆盖面,让更多的人进入直播间,从而增加直播的人气和销量。

例如,"亲们,现在咱们直播间有一个特别的活动,只要将我们的直播或产品分享到你的社交平台,就可以获得一张面值为××元的优惠券,只要今天在直播间下单就可以抵扣××元,分享次数越多,获得优惠券的数量就越多,快去分享吧!今天直播间准备了多种农产品,有苹果、梨、桃子等,所有农产品都可以使用优惠券,抓紧下单吧!"

7.4.2 催单方式

在农产品直播过程中,影响商品成交的因素有很多,如产品的质量和价格、主播的专业度和亲和力、直播的内容和形式、用户的需求和心理等。

主播要想提高商品成交的效率,就需要掌握一些催单的方法,引导观众尽快下单。常用的催单方法如下。

1. 倒计时

这种方式是通过倒计时,提醒观众优惠活动即将开始或优惠活动、直播即将结束,

让观众产生紧迫感，促其尽快下单。

例如，"亲们，我们的直播还有 10 分钟就要结束了，不要犹豫，快去下单吧！我们的水果都是当天采摘当天发货，非常新鲜，优惠活动只剩最后 10 分钟了，只要在直播结束前下单，就可以享有满 100 减 50 的优惠，而且还包邮，大家还在等什么？赶紧下单吧！"

2. 催付提醒

催付提醒就是提醒已经下单但没有支付的观众尽快完成支付，从而避免订单流失。这种方式适用于单价较高的产品。

例如，"亲们，我们的直播马上就要结束了，我们的进口车厘子非常抢手，已经卖出了××箱，库存不多了，已经下单还没有支付的朋友，建议大家尽快支付，未支付的订单，××分钟后系统会自动取消哦，时间有限，快去支付吧。"

3. 晒单评价

这种方式是通过邀请用户在收到产品后，让观众进行晒单和评价，来增加用户的满意度和忠诚度，从而提高产品的口碑和信誉。这种方式适用于那些有一定的体验性和评价性的产品。

例如，"亲们，我们的直播已经结束了，非常感谢你们的购买和支持，我们的鸡蛋都是非常绿色健康有营养的，而且现在我要给你们一个小任务，只要你们在收到产品后，进行晒单和评价，就有机会获得我们的抽奖资格，我们会在每个月的最后一天，随机抽取一位幸运观众，送出我们的××枚鸡蛋，这是一个非常有趣的互动，你们还等什么，快来晒单评价吧！"

4. 预告预售

这种方式是通过预告下一次直播的时间和内容，以及预售下一次直播的产品，来吸引用户的注意力和兴趣，从而增加用户的期待和关注。这种方式适用于有一定的新鲜度和创新性的产品，比如新品、特色品等。

例如，"亲们，我们的直播已经结束了，非常感谢大家的观看和购买，我们的农产品都是非常独特和美味的，现在我要做个新品预告，我们的下一次直播的时间是下周五下午两点，我们的下一次直播的内容是我们的新品，营养与美味兼具，现在我们有一个预售活动,只要在直播结束后进入我们的店铺,就可以预订我们的新品,可以享受××折的优惠,这是一个非常好的机会,快来预订吧!"

7.4.3 结尾方式

直播结尾的方式很多,主播在直播结束前,可以催促观众下单,感谢观众的支持,预告下一次直播内容,从而增加观众的黏性。常用的直播结尾方式如下。

1. 感谢支持

感谢观众的支持和参与,是最基本的礼貌,也是能体现主播诚意的方式。主播可以在直播结束前,向观众表示感谢,回顾本次直播的亮点,鼓励观众继续关注,同时也可以提醒观众支付订单,并告知其售后事宜。

例如,"亲爱的宝宝们,今天的直播就要结束了,非常感谢大家的陪伴和支持,你们的每一次点赞、评论和分享都是对我们最大的鼓励。今天我们一起品尝了新鲜的草莓、香甜的蜜桃、酥脆的核桃等多种农产品,希望大家都能买到心仪的农产品,享受到大自然的馈赠。还没有下单的宝宝,抓紧下单,我们的优惠活动马上就要结束了。"

2. 预告内容

预告下一场直播的内容和时间。这是一种很好的引流和直播预告的方式。主播可以在直播结束前,透露下一场直播的主题和亮点,使观众产生好奇和期待,同时告知观众下一场直播的具体时间,方便观众提前安排时间。

例如,"宝宝们,今天的直播就要告一段落了,非常感谢大家的陪伴和支持,你们都是我最好的朋友。明天晚上××点,我为大家准备了多种特色水果,想知道我们的水果有多么的鲜甜多汁吗?想知道我们的水果是怎么种植的吗?明天晚上××点,准时来看我的直播哦,我会为大家一一揭晓答案,还有更多的优惠和福利等着大家,千万不要错过哦,明天见!"

3. 抽奖送礼

抽奖或送礼等活动可以有效地激励观众参与和消费。主播可以在直播过程中,设置抽奖或送礼的活动规则,在直播结束前,按照活动规则进行抽奖。主播可以根据所售农产品的特点,选择合适的物品作为奖品,如某种农产品、优惠券、现金红包等。通过抽奖或送礼可以提高观众的满意度,也可借机推销自己的农产品。

例如,"宝宝们,今天的直播就快结束了,咱们的抽奖活动也要开始了。只要今天在直播间下单,无论金额多少,都可参加抽奖,我们将从所有下单的观众中随机抽取××名幸运观众,每人送一箱我们的特色水果,里面有香蕉、苹果、橙子、梨子等,每箱价值××元。还在等什么,现在下单还来得及,我们的抽奖活动马上就要开始了,每个人都可能是幸运儿哦。"

4. 分享生活

主播在直播结束前,可以分享一些自己的生活趣事,如自己的旅行见闻、宠物日常等,通过真诚的互动拉近与观众的距离,增加主播的人气和粉丝量,以及观众的忠诚度。

例如,"在结束今天的直播前,我想与大家分享一件有趣的事,那就是我家的小狗,它叫小白,是一只可爱的泰迪,非常喜欢吃水果,尤其是西瓜,每次我吃西瓜的时候,它都一脸渴望地看着我,好像在说,'主人,给我一口吧,我也想吃西瓜。'每次我都会给它一小块西瓜,它会很开心地吃掉,然后用它的小舌头舔我的手,好像在说,'谢谢主人,你真好。'它是一只很聪明很可爱的小狗,我非常爱它。好啦,今天的直播就到这里了,非常感谢大家的观看和支持,再见!"

5. 引用热点

借用名人或热点的话语或事件。这是一种很有创意的引起观众注意和兴趣的方式。主播在直播结束前,可以用热点话题和网络热门词语等,活跃直播间气氛,增加观众的满意度,增加主播的影响力。

例如,"宝宝们,'我是你的眼,带你穿越农产品的海洋。'你们知道这句话是从哪里来的吗?没错,就是著名歌手××的经典歌曲《××》。你们喜欢这首歌吗?喜欢我们的农产品吗?如果喜欢,记得明天晚上××点再来看我的直播哦,我会为大家带来更多的惊喜,好了,今天的直播就到这里,非常感谢大家的观看和支持,我是你们的主播小花,我们明天见!"

第8章
直播传播：4种方式

8.1 社交媒体传播 /115

8.2 邀请合作伙伴传播 /117

8.3 搜索引擎优化传播 /121

8.4 线下剪辑再传播 /123

8.1 社交媒体传播

8.1.1 直播前传播

1. 发布预告

通过在社交媒体平台发布预告，告知粉丝和关注者即将开展直播销售活动。预告的内容一般应该包括直播时间、内容简介、特别嘉宾或嘉宾亮点等信息。制作时，应尽量利用视觉元素，可以设计吸引人的封面图或海报，以及醒目的标题，以突出直播的亮点，使预告更具吸引力。

常用的社交媒体有微信公众号、微博、抖音、快手、哔哩哔哩、虎扑、小红书等。发布时，可以利用社交媒体平台的定向投放功能，将直播预告推送给目标受众。根据目标受众的特点，选择合适的社交媒体平台进行重点宣传。

2. 平台预热

临近直播时，可以通过倒计时的方式来引发粉丝的期待感。例如，在微信公众号或微博上发布倒计时动态，告知粉丝距离直播开始还有多长时间，让粉丝保持关注并期待直播的到来，从而实现为直播活动预热。

还可以在抖音、快手等短视频平台上发布与直播活动相关的短视频，引起粉丝的兴趣和关注，并在直播前通过短视频平台的预告功能提前预告直播活动的精彩内容。此外，你还可以通过直播的形式进行预热，例如，在直播中透露一些即将到来的活动细节，让粉丝和观众期待更多。

此外，可以通过在社交平台上与粉丝进行互动，提高粉丝的参与热情，从而增加直播活动的热度。例如，在社交平台上邀请粉丝参与话题，征集粉丝对于直播内容的建议等。

3. 合作推广

可以与一些有影响力的社交媒体账号、博主或KOL进行合作，邀请他们参加特定的传播活动并进行宣传内容输出，通过他们的影响力和粉丝基础来宣传直播活动，并为直播引流。

8.1.2 直播中传播

1. 鼓励观众分享

在直播中突出产品或服务的独特卖点，通过生动有趣的方式向观众展示产品的特性和优势。鼓励观众在社交媒体上分享这些亮点，从而吸引更多用户的关注。

2. 引导观众互动转发

在直播过程中设定话题、游戏或抽奖等活动，鼓励观众积极参与。例如，观众在社交媒体上使用特定标签或话题进行评论或转发，有机会赢取奖品或特别优惠。这样既可以增加用户参与度，又可以为直播活动引流。

3. 充分利用用户生成内容（UGC）

鼓励观众在直播过程中拍摄照片、录制视频，并分享到社交媒体上。主播选择优秀的UGC内容进行转发或点赞，并适时提及和感谢UGC创作者。这样可以吸引更多用户参与，从而提高直播活动的影响力。

4. 利用明星或KOL效应

邀请知名明星、行业专家或具有影响力的KOL参与直播活动。他们的参与会吸引更多用户的关注和讨论，可为直播活动带来更好的传播效果。

此外，在直播过程中，应注意观众的反馈和评论。尽可能地回复观众的问题，解决他们的疑虑。这样可以建立良好的互动和沟通，提高观众的参与度和忠诚度。

8.1.3 直播后传播

1. 制作精彩的摘要视频

将直播活动中精彩的片段剪辑成短视频，并添加吸引人的标题和标注后，在社交媒体上发布。这些短视频应能突出产品亮点、特点，更容易在社交媒体上吸引用户观看、关注和分享。

2. 发布活动回顾文章

写一篇回顾活动的文章，文章内容应包括活动亮点、产品推荐、销售成绩等，且应生动有趣，可配上直播活动现场的图片。将其发布在企业的官方博客或社交媒体上。

3. 正片回放

如果直播平台支持直播录像功能，可以将直播活动的录像进行二次推广，让没有观看直播的观众也能了解直播活动的内容。也可以将直播录制成视频，发布到社交媒体上供用户回看。在视频标题和文案中，可以加入直播的亮点和观点总结，让用户快速了解直播内容。

4. UGC 分享

鼓励参与直播活动的观众在社交媒体上分享他们的购买体验和使用感受。可以设立相关的话题标签，以便更好地追踪和分享用户生成的内容。

也可以收集观众在直播中发送的评论、留言等 UGC，待直播结束后在社交媒体上进行分享。用户生成内容不仅可以展示用户的参与度和满意度，还可以吸引更多用户关注和参与。

5. 广告推广

直播结束后，可以通过在社交媒体上发布优惠促销信息，进行有针对性的广告投放，以吸引更多潜在用户了解和购买产品。例如，在社交媒体上发布限时折扣码、组合套餐等，激发用户的购买欲望。

6. 合作推广

与行业内的关键意见领袖、博主或其他 MCN 机构合作，共同推广直播活动。可以邀请他们撰写文章、制作视频、进行口碑推广等。

8.2 邀请合作伙伴传播

8.2.1 邀请网红参与直播

1. 确定目标

明确希望通过直播销售活动实现的目标，如增加销量、提高品牌知名度等。没有清晰明确的直播活动目标，无法选择合适的网红。

2. 选择合适的网红

根据农产品的特点和目标受众，以及直播销售活动目标选择与农产品相关且在社交媒体上有较高影响力的网红。选择时应重点考虑他们的粉丝数量、口碑素质、受众偏好等关键因素。

3. 联系网红

通过他们的经纪人或代理人联系网红，向其介绍直播销售活动的背景和目标。介绍时应确保提供的信息全面且清晰，同时，也要洽谈合作报酬。

4. 制定合作方案

确定合作后，与网红讨论合作方案，包括直播时间、内容安排、产品展示方式、推广方式等，确保合作方案符合双方利益。

5. 准备宣传材料

为了更好地吸引观众，应准备一些宣传材料，如产品介绍、特色卖点、活动信息等。这些材料可以帮助网红更好地了解待售农产品，使其能在直播中更好地进行销售。

6. 提供优惠和福利

设置一些优惠和福利，如限时折扣、赠品等，可以吸引更多的用户观看直播。同时，也可以为网红提供额外的奖励，以提高他们的积极性。

7. 直播准备

测试网络连接和音视频质量，确保直播平台和所用设备正常运作。可以提前演练，以确保直播顺利进行。此外，也要准备好相应的应急预案。

8. 推广活动

在直播活动开始前，通过各种渠道如社交媒体、电子邮件、网站等进行宣传推广，预告直播时间和内容，以及网红的参与情况，以吸引更多用户关注和参与。

9. 直播互动

在直播过程中，主播和网红应与观众积极互动，回答观众的问题、介绍农产品的特点、分享使用心得等。通过互动，增加观众的参与感和购买欲望。

10. 后续跟进

直播结束后，跟进购买农产品的观众，为其提供售后服务和关怀。同时，与网红沟通合作效果，收集反馈，以便后续进行改进。

8.2.2　邀请专家参与直播

1. 确定目标

明确直播销售活动的目标，如增加销售额、提高品牌知名度、扩大受众群体等，以便后续策划和评估。

2. 选择适合的专家

根据农产品类型和直播内容定位，寻找适合的专家，如农业领域的专业人士、营养学家等，他们能够为直播销售活动增加权威性和可信度。

3. 确定合作方式

与专家沟通，确定他们是否愿意参加直播活动，并商讨具体的合作方式。可以是嘉宾演讲、产品介绍、问题解答等形式，具体方式应根据专家的专长来确定。

4. 制订详细计划

制订直播活动的详细计划，包括时间安排、内容流程、互动环节等。确保直播活动紧凑有序，且能够吸引观众的注意力。

5. 选择直播平台

根据平台规则和平台的扶持政策，选择合适的农产品直播销售平台。热门的直播平台有快手、抖音等。

6. 提前宣传

在直播活动开始前进行充分的宣传，如邀请观众参与话题、发布预告片段等，用其引起观众的兴趣，增加观看和购买的意愿。

7. 设置互动环节

直播过程中，应设置一些互动环节，如即时问答、定时抽奖活动等，增加观众的参与度和黏性。

8. 设置优惠活动

为了促进销售，可以在直播过程中以限时优惠、组合优惠购等活动，吸引观众下单。

9. 数据分析和评估

直播活动结束后，分析直播期间的相关数据，评估直播效果和销售情况。根据评估结果，调整和改进下一次的直播活动。

8.2.3 邀请名人参与直播

1. 选择适合的名人

根据所售农产品的类型，选择相关领域或类型中合适的名人参与直播活动。例如，农业专家、知名农业从业者、美食博主等。

2. 确定合作方式

与名人代表或经纪人进行充分沟通，确定合作方式，并签订正式合同。名人可以作为嘉宾出现，也可以作为产品推荐员出现。

3. 制订活动计划

制订详细的直播活动计划，包括时间安排、内容流程、互动环节等，确保活动流程紧凑、内容吸引人。可以安排名人在直播过程中品尝农产品，并分享食用心得等。

4. 宣传推广

通过各种渠道宣传直播活动，重点宣传名人参与。可在社交媒体上发布海报、预告片或宣传视频等，也可与名人进行合作推广，以吸引更多的用户关注活动。

5. 设置互动环节

在直播活动中设置互动环节，让观众与名人进行互动。如即时问答、抽奖、留言互动等,提高直播间的活跃度和趣味性。

6. 技术支持

确保你有稳定的直播平台和良好的网络连接。直播活动开始前,应进行技术测试,以确保直播画面、网络稳定,避免因技术问题影响直播开展。

7. 感谢与评估

活动结束后,应及时向名人表达感谢,也要及时评估活动效果。如果活动效果好,可以保持长期合作。

8.3 搜索引擎优化传播

8.3.1 直播标题与直播主题设置

在直播活动相关的标题、描述和标签中使用关键词是提高搜索引擎排名的有效方法,在设置直播标题和直播主题时,需要重点关注以下内容。

1. 直播标题优化

(1)简洁明了。确保标题简明扼要,且能清晰地概括直播内容。

(2)关键词密度。将主要关键词放在标题的前面,不要过度堆砌关键词,保持标题自然流畅。

2. 内容优化

优化直播标题和直播主题内容,突出直播亮点,使其更吸引用户关注。在直播标题和直播主题中加入主要关键词时,要保持语义的连贯性和可读性。

3. 标签优化

(1)相关关键词。选择与直播内容相关的关键词作为标签,有助于搜索引擎识别和匹配直播内容。

(2)避免无关标签。避免添加与直播内容无关的标签,以免降低搜索引擎对直播的认可度。

4. 直播主题设置

直播主题应与直播内容相符,避免使用过于抽象或模糊的直播主题,以便搜索引擎通过直播主题识别直播内容。

5. 使用长尾关键词

如果有多个关键词,可以考虑使用长尾关键词组合,这样更容易被搜索引擎识别,同时也能减少竞争压力。

8.3.2 直播关键词与热词设置

合适的直播关键词与热词可以有效提高直播曝光度,增加直播间流量。在设置直播关键词与热词时,需要关注以下内容。

1. 目标受众

了解目标受众群体,包括他们的兴趣、需求和购买习惯等。根据目标受众的特点和直播内容,选择直播关键词和热词,以便更好地吸引他们的注意力。忠实的观众是主播的基本盘,抓住基本盘是发展的基础。

2. 时事热点

关注当前的时事热点,将热点话题与直播内容结合起来,以吸引更多用户点击观看。尽量选择与所售产品或品牌相关的热点话题,以增加用户的兴趣和参与度。

3. 热门搜索关键词

通过调研分析,了解电商平台中的热门搜索关键词。将这些热门搜索关键词融入直播标题、描述和标签中,提高直播活动在搜索结果中的曝光率。

4. 社交媒体话题

关注社交媒体上的热门话题和流行词汇,并在直播中使用。通过关联热门话题,吸引更多用户点击观看。

5. 引人注意的标题

直播标题是吸引用户点击观看的重要因素。有吸引力、有趣的直播标题，能够激发用户的兴趣，从而提高直播点击率。

6. 优化直播描述和标签

在直播描述和标签中，添加适当的关键词和热词，可以提高直播活动在搜索结果中的排名。

8.4 线下剪辑再传播

8.4.1 直播互动剪辑后传播

直播互动剪辑后传播是指在直播结束后，将精选后的直播内容制作成短视频或图文，再通过各种网络平台进行推广的过程。这种方式可以有效提高农产品直播的观看率和复购率，增强用户的黏性和忠诚度，扩大农产品的品牌影响力。

1. 剪辑的重点

（1）突出农产品的特色和优势。剪辑时应该选择能够展示农产品品质、产地、认证，以及功能、效果、用途等信息的片段，让用户能全面了解农产品。

（2）突出主播的风格和专业性。剪辑时应该选择能够体现主播风格、特点且能突出主播专业性的片段，让用户对主播有更多的好感和信赖。

（3）突出用户的参与和互动。剪辑时选用观众的评论、反馈、点赞，以及需求、建议等作为片段，让用户感受到自己在直播中的重要性和影响力。同时，让用户感受到主播的关注和回应。

2. 剪辑的步骤

（1）分析直播数据。在直播结束后，应该及时收集和分析直播相关数据，如观看人数、观看时长、互动次数、转化率等，找出直播的优势和存在的不足，为剪辑提供依据和方向。

(2) 选择素材。根据直播数据和剪辑重点，从直播内容中筛选出最具吸引力和价值的内容，如主播的精彩讲解、用户的热情互动、农产品的实拍展示等作为素材。

(3) 进行剪辑。根据所选素材和平台要求，选用合适的剪辑软件，对素材进行裁剪、拼接、调整、添加等操作，形成短视频或图文形式的剪辑作品。

(4) 进行剪辑优化。根据用户反馈及以往经验，对剪辑作品进行优化和改进，如修改标题、描述、标签，增加引导语、提示语、互动语等。

(5) 进行传播。根据平台要求和受众群体的特点，选择合适的时间、频率发布和推广剪辑作品，如分享到社交媒体、合作推荐、付费广告等，从而实现直播互动剪辑后传播。

3. 剪辑的目的

(1) 去除冗余或无关的内容，突出直播的重点和亮点，提高信息的密度和价值。

(2) 调整音频的音量、音质、节奏等，使其更清晰、流畅、自然、有感染力。

(3) 添加一些视觉效果，如字幕、贴纸、滤镜、转场等，增加剪辑作品的美观性和趣味性。

(4) 结合农产品的特点和优势，加入一些营销元素，如品牌标志、宣传语、促销信息等，提高剪辑作品的商业价值。

8.4.2 线下媒体传播

在农产品直播销售过程中，除了可以利用线上媒体进行推广和宣传外，还可以与线下媒体进行合作，多渠道推广可以扩大影响力、提高知名度、增加销量。

1. 线下媒体传播的优势

(1) 打破信息茧房，触达更多潜在消费者。线上媒体传播受互联网大数据算法的影响，容易导致用户看到的信息面越来越窄，从而产生"茧房效应"。而线下媒体，如户外广告、报纸杂志、电视广播等，可以触及线下场景中不同圈层的人群，因此，传播的范围较广。

(2) 增强品牌形象，提升信任度和口碑。线下媒体传播具有更强的真实性和权威性，可以有效塑造农产品的品牌形象，更容易赢得消费者的信任。与线上媒体相比，线下媒体的传播更容易引发消费者的情感共鸣和认同，从而增加购买意愿和忠诚度。

（3）丰富传播内容，提高互动性和体验性。线下媒体传播的形式多样，且真实感较强。例如，可以通过线下、展会、体验店等，让消费者亲身感受农产品的品质、口感等，提高其参与热情和体验感。此外，可以将线下媒体与线上媒体相结合，实现线上线下的互动和转化，形成闭环的营销模式。

2. 挑选线下媒体的策略

（1）分析目标市场和受众群体。根据农产品直播的目标市场和受众群体的特征，如地域、年龄、收入、消费习惯、媒介使用等，选择与之匹配的线下媒体类型，以提高传播的针对性和有效性。例如，如果目标市场是一线城市，受众群体是高收入、高素质的消费者，那么可以选择在高端商圈、写字楼、机场等场所投放户外广告，或者在生活类别的报纸、杂志上刊登广告。

（2）评估媒体的覆盖率和影响力。根据线下媒体的覆盖率和影响力，选择对农产品传播效果较好的线下媒体类型，以提高传播的广泛性和深入性。例如，如果想要覆盖全国范围的消费者，可以选择与知名电视台、报社等权威媒体进行合作，或者在各大城市的地铁、公交、出租车等交通工具上投放广告。

（3）考虑媒体的成本和效益。根据线下媒体的成本和效益，选择能够实现最优投入产出比的线下媒体类型。例如，如果预算有限，那么可以选择在社区、农贸市场、超市等人流量较大但媒体费用较低的场所投放广告，或者在地方性的报纸、电台、电视台上刊登广告。

3. 线下媒体传播的注意事项

（1）保持内容的一致性和连贯性。在不同线下媒体上进行传播时，要保持内容的一致性和连贯性，避免出现信息冲突或矛盾等情况，以免造成消费者困惑和误解。同时，要根据不同线下媒体的特点，调整内容的形式和风格，以适应不同传播场景和受众需求。

（2）注意内容的质量。通过线下媒体进行传播时，传播的内容要有创意且有吸引力，能突出农产品直播的亮点和优势，能吸引消费者的注意和兴趣。可以利用图片、视频、音乐、口号等元素，增加内容在视觉、听觉、情感等方面的冲击力，从而提高内容的传播效果。

（3）注意互动性和体验性。通过线下媒体进行传播时，要注意互动性和体验性。可以通过问卷调查、现场抽奖、签到送赠品或体验券等方式，激励消费者参与线下媒体的传播活动，同时，可以通过二维码、短信、电话等方式，引导消费者关注线上账号，实现线上线下的互动和转化。

8.4.3 线下新闻报告传播

线下新闻报告传播是指通过线下活动或线下渠道，向目标受众传递新闻信息的过程。线下新闻报告传播的形式有线下发布会、线下论坛、线下展览、线下采访等。线下新闻报告传播的目的是提高新闻的影响力和可信度，增强新闻的互动性和体验性，扩大新闻的覆盖面和受众群体。

1. 线下新闻报告的优势

线下新闻报告传播相比于线上新闻传播，具有以下优势。

（1）线下新闻报告传播可以更直接地与受众进行沟通和交流，增加受众的参与感和认同感，增强新闻的说服力和感染力。

（2）线下新闻报告传播可以利用线下的场景和设备，创造更丰富的视听效果，增加新闻的吸引力。

（3）线下新闻报告传播可以通过互动，激发受众的兴趣和好奇心，增加新闻的趣味性和创新性。

（4）线下新闻报告传播可以借助线下的媒体和合作伙伴，扩大新闻的传播范围，增加新闻的曝光度。

2. 适合进行线下新闻报告的内容

线下新闻报告传播的内容应该根据不同的形式和目标，选择合适的主题和角度，突出新闻的重点和亮点，符合受众的需求和期待。对于农产品直播销售这一主题，线下新闻报告传播的内容一般包括以下方面。

（1）农产品直播销售的现状和趋势。分析农产品直播销售的市场规模、用户特征、竞争局势等，展示农产品直播销售的发展潜力和商业价值。

（2）农产品直播销售的优势和特色。介绍农产品直播销售的优势和特色，如新鲜、安全、便捷、实惠等，展示农产品直播销售的品质保障和用户体验。

（3）农产品直播销售的案例和故事。分享农产品直播销售的成功案例和感人故事，如农民增收、消费者满意、社会效益等，展示农产品直播销售的社会意义。

（4）农产品直播销售的建议和展望。提出对农产品直播销售的建议和展望，如技术创新、政策支持、行业规范、市场培育等，分析农产品直播销售的发展方向和发展前景。

第 9 章
直播复盘：4 个方面

9.1　运营数据复盘　/131

9.2　运营内容复盘　/141

9.3　宣传推广复盘　/145

9.4　运营效果复盘　/149

9.1 运营数据复盘

9.1.1 转化率分析

转化率是指在直播过程中,观看直播的用户中产生购买行为的用户比例。它是衡量直播销售效果的重要指标之一,也是反映农产品销售能力和市场需求的重要数据。转化率的计算公式如下:

$$转化率 = (购买人数 \div 观看人数) \times 100\%$$

上述公式中,购买人数是指在直播期间通过直播间的链接或二维码下单并付款的用户数;观看人数是指在直播期间进入直播间的用户数,不包括重复进入的用户。

1. 影响直播转化率的因素

转化率受多种因素的影响,主要包括以下方面。

(1) 农产品的品质、价格、包装、物流等。这些因素直接关系观众对农产品的满意度和信任度,影响观众的购买意愿。一般来说,品质好、价格合理、包装精美、物流快捷的农产品更吸引观众。

(2) 直播平台的流量、规则、功能等。这些因素影响直播间的曝光度和流量推荐情况。一般来说,流量大、规则公平、功能完善的直播平台更有利于农产品直播销售。

(3) 主播的形象、风格、专业度等。这些因素影响直播间的氛围和口碑,决定了直播间的定位。一般来说,形象亲切、风格独特、专业度高的主播更能赢得观众的信赖和喜爱。

(4) 内容的质量、创意、针对性等。这些因素决定了直播的质量,影响直播间的吸引力。一般来说,质量高、创意新、针对性强的内容更能抓住观众的眼球。

2. 提升直播转化率的措施

根据影响直播转化率的因素,有针对性地采取相应的改进措施,以提高直播转化率。

(1) 提升农产品的品质和竞争力。这是提高直播转化率的基础和前提，需要从农产品的种植、加工、储存、运输等各个环节入手，保证农产品的品质。同时，还要合理定价，提供优质的售后服务，以此来增加观众的满意度和忠诚度。

(2) 选择合适的直播平台和时间。这是提高直播转化率的关键和突破口，需要根据农产品的特点和目标用户的特征，选择合适的直播平台，如拼多多、淘宝、快手、抖音等。同时，还要选择用户活跃度高、消费意愿强的时间进行直播，如工作日的晚上、节假日的下午等。合适的直播平台和时间可以确保直播间有稳定的曝光率和点击率。

(3) 培养专业的农产品主播团队。这是提高直播转化率的核心和保障，可以从农民、农业专家、网红等不同群体中选拔有潜力的人作为主播，提高主播团队的专业度。同时，还要培训其与观众的互动和沟通能力，使其可以更好地从专业的角度进行农产品直播。

(4) 策划优质的直播内容。这是提高直播转化率的主要举措，应根据农产品的优势和观众的需求，创作有质量、有创意、有针对性的直播内容，如展示农产品的生长环境、讲述农产品的故事、分享农产品的食用方法等。同时，还要策划有吸引力的互动活动和优惠活动，如限时折扣等，以此来提高直播间的吸引力。

9.1.2 回购率分析

回购率是指在一定时间内，已购买某一产品后再次购买某一产品的人数与该产品总购买人数的百分比。回购率反映了观众对农产品的满意度，是衡量农产品直播销售效果的重要指标之一。回购率的计算公式如下：

回购率 = （某一产品重复购买的人数 ÷ 某一产品的总购买人数） × 100%

上述公式中，某一产品重复购买的人数是指在特定统计时长内，某一产品重复下单的人数；某一产品的总购买人数是指在特定统计时长内，某一产品的总购买人数。

1. 影响回购率的因素

(1) 农产品的品质。农产品的品质是影响观众购买决策的基本因素，也是影响回购率的核心因素。农产品的品质越高，观众对其的认可度越高，直播回购率也越高。

(2) 直播平台的服务。直播平台的服务包括直播内容的审核、物流配送的速度和质量、售后服务的及时性和有效性等。直播平台的服务越好，观众的满意度和忠诚度越高，直播回购率也越高。

(3) 主播的吸引力。主播的吸引力也可以叫作粉丝黏性，是影响回购率的重要因素。主播的吸引力越强，粉丝的直播回购率就会越高。

(4) 观众的需求和偏好。观众的需求和偏好是影响观众购买行为的内在动机，也是影响回购率的内在因素。观众的需求和偏好与农产品的特性和功能相匹配，直播回购率就越高。

2. 提升回购率的措施

(1) 不断提高农产品的品质。提高农产品的品质是提高直播回购率的根本措施，应对农产品的种植或养殖、加工、包装等各个环节进行严格管理，确保农产品质量安全。同时，打造特色农产品品牌，构建品牌文化，增加农产品的附加值和差异化优势。

(2) 持续优化直播平台的服务。优化直播平台的服务是提高直播回购率的重要措施，应对直播内容、物流配送、售后服务等方面进行改进。例如，提高直播内容的真实性、专业性和趣味性，增加直播间的互动环节和奖励机制，加快物流配送的速度和提高物流配送的质量，完善售后服务的流程和提高售后服务的效率等。

(3) 重点提升主播的人气和专业性。提升主播的人气和专业性是提高直播回购率的有效措施，应从主播的形象、风格、专业能力等方面进行提升。例如，塑造主播的个人形象和风格，提高主播的亲和力和吸引力，提高主播的语言表达能力和沟通能力，加强农产品知识培训等。

(4) 满足观众的需求。满足观众的需求是提高直播回购率的关键措施，应对观众的消费动机、消费习惯、消费水平等进行分析，了解观众的需求和偏好，提供符合观众需求和偏好的农产品。同时，还需要通过直播平台的数据分析，对观众进行细分，为不同类型的观众提供个性化和定制化的农产品和服务，提高观众的满意度和忠诚度。

9.1.3 粉丝量分析

粉丝量是指直播平台上关注主播的用户数量。粉丝量反映了主播的受欢迎程度和影响力,是直播销售的重要指标之一,也是衡量直播效果和收益的指标之一。对粉丝量进行分析,可以帮助主播了解自己的优势和不足,还可以根据分析结果制定更合理的运营策略,从而提高直播销售的效率。

1. 影响粉丝量的因素

(1) 主播的人设。主播的人设是指主播在直播过程中展现的个人形象,包括行为、性格、语言、专长等。主播的人设定位要符合目标群体的喜好和需求,以便与观众产生情感共鸣,从而吸引其关注和信任。

(2) 农产品的品牌、品质。农产品的品牌、品质是进行直播销售的核心,农产品的价格、品相和品质直接影响观众的购买行为。因此,应保障农产品的质量,让观众可以放心购买,从而提高直播复购率。

(3) 农产品介绍。主播在直播过程中应对农产品进行详细的展示和介绍,包括农产品的特点、优势、用途、制作过程等。介绍的内容要全面,要全方位地展示农产品,通过生动有趣的讲解,吸引观众的注意力,激发观众的兴趣和购买欲。

(4) 直播活动的策划和执行。直播活动是指主播在直播过程中进行的各种互动、娱乐和促销的活动,包括抽奖、发券、打折、秒杀等。直播活动要有针对性地策划和执行,满足观众的需求和期待,从而提高观众的参与度和转化率,增加观众的黏性和忠诚度。

(5) 平台配套设施和售后服务。平台配套设施是指直播平台提供的各种服务和支持,包括仓储物流、推广宣传、知识产权、法律支持等。平台配套设施要稳定可靠,能够保证直播流畅和清晰,方便观众的观看和互动。售后服务是指在观众购买农产品后为其提供的各种服务,包括物流、退换、咨询、投诉等。售后服务要及时,能有效解决观众的问题和困难,维护观众的权益,增强观众的好感度。

2. 粉丝量的分析重点

对粉丝量的分析要从多个角度进行,全面评估主播的直播销售效果,找出主播的优势和不足,以便制定有针对性的运营策略,从而提高直播销售的效率和质量。

(1) 粉丝总数。粉丝总数是指截至某一时间点,主播在直播平台上累计获得的关注用户数量。粉丝总数反映了主播的受欢迎程度和影响力,也是衡量直播效果和收益的指标之一。粉丝总数越高，说明主播的用户认可度越高，直播的收益也就越高。

（2）新增粉丝数。新增粉丝数是指在某一时间段内，主播新增的关注用户数量。新增粉丝数反映了主播的直播内容有吸引力，是衡量直播活动和宣传效果的重要指标。新增粉丝数越高，说明主播的直播越有吸引力，直播的潜在收益越大。

（3）粉丝增速。粉丝增速是指在一段时间内，新增粉丝的速度。粉丝增速反映了主播吸引新观众的能力，是衡量直播销售效果和直播运营策略的关键指标。粉丝增速越快，说明主播的直播内容更具有活力，直播的竞争优势越强。

通过对影响粉丝量的因素和粉丝总数、新增粉丝数、粉丝增速等数据的分析，可以了解直播间粉丝数量的变化规律，从而有针对性地对直播策略进行调整。

9.1.4 销售额分析

销售额是指在一定时期内，直播间销售所得的总金额，是衡量农产品直播销售业绩的重要指标。分析销售额的变化情况，可以帮助农产品直播商家了解市场需求、竞争情况等信息，以便制定更合理的经营策略和营销方案。

1. 影响销售额的因素

（1）产品因素。包括农产品的品质、品种、价格、包装、存储等方面。一般来说，品质高、品种优良、价格合理、包装精美、易储存的农产品更容易获得消费者的青睐。

（2）主播因素。包括主播的形象、风格、专业度、亲和力等。一般来说，形象好、风格独特、专业性强、有亲和力的主播更容易吸引和留住观众。

（3）平台因素。包括平台的流量、规模、功能、服务、政策等方面。一般来说，流量多、规模大、功能全、服务好、政策优的平台，能为农产品直播提供更有利的环境和条件。

（4）市场因素。包括市场的需求、竞争、变化、风险等方面。农产品市场的特点是需求大、竞争小、变化慢、风险低。农产品的市场变化直接影响农产品的直播销售情况。

2. 销售额的分析重点

（1）销售总额。指在一定时期内，直播间累计成交的总金额，反映了直播活动的商业成果。分析销售总额的变化，可以了解农产品的市场占有情况，以及与同类产品的比较情况。

（2）销售额增量。指直播间某一时期的销售额相比上一时期所增加的数额，反映了农产品直播的效果。分析销售额增量可以了解农产品销售的动态变化，以及与同期销售情况的差异。

（3）销售增长率。指直播间某段时期的销售增长额与上一时期的销售总额的百分比。分析销售增长率可以了解农产品直播销售的效果和农产品的潜力大小。

（4）单品销售额占比。指在一定时期内，直播间中某一单品的直播销售额在直播销售总额中的占比，反映了各单品的销售贡献和市场需求。分析单品销售额占比可以了解各单品的销售结构和观众的喜好，以及与同类产品的竞争情况。

（5）单品销售额增速。指在一定时期内，直播间中某一单品的销售额的增长速度，反映了各单品的销售动态和市场变化。分析单品销售额增速，可以了解各单品的销售表现和市场行情，以及其与同类产品的差异。

主播团队可以根据对影响销售额的各项因素的分析结果，有针对性地对调整直播内容和直播策略，从而提高直播销售总额量。

9.1.5 点赞情况分析

点赞是指用户在观看直播或浏览动态时，对主播或直播和动态内容表达喜欢或认可的行为。点赞量是衡量直播或动态受欢迎程度的重要指标之一，也是反映用户参与度和忠诚度的重要数据之一。

影响点赞量的因素有农产品的品质、价格、主播的形象、风格、直播内容的质量等。根据不同的用户类型和场景，可以将点赞分为以下4种情况。

1. 新粉点赞情况

新粉是指第一次关注主播的用户，他们对主播和其所售的农产品的了解程度较低，点赞的原因主要是好奇或赞赏。新粉点赞量受主播的吸引力、农产品的吸引力和直播或动态的吸引力的影响较大，一般来说，新粉点赞量在总点赞量中的占比不高，点赞的稳定性和持续性也较低。

2. 老粉点赞情况

老粉是指已经关注主播一段时间的用户，他们对主播和其所售的农产品的了解程度较高，点赞的原因主要是支持、认同。老粉点赞量受直播或动态内容的影响较大，一般来说，老粉点赞量在总点赞量中的占比较高，点赞的稳定性和持续性也较高。

3. 直播点赞情况

直播点赞是指用户在观看主播的直播时，对主播或其所售的农产品表达喜欢或认可的行为。通过在直播间中双击屏幕来完成点赞行为。直播点赞的特点是实时性、即时性和互动性，直播点赞量受直播内容、形式和互动质量的影响较大。

4. 直播外动态点赞情况

直播外动态点赞是指用户在浏览主播的动态时，对主播或其所售的农产品表达喜欢或认可的行为。直播外动态点赞的特点是延续性、补充性和扩散性，直播外动态点赞量受动态内容和更新频率的影响较大。

综上所述，点赞量是农产品直播销售的重要运营数据之一，通过对点赞量的分析，可以了解用户的喜好和需求，优化直播或动态内容，提高农产品的销售效率。

9.1.6 留言量分析

留言就是用户在直播过程中，通过直播平台的留言功能，向主播发送的文字、表情、语音等信息。在农产品直播销售中，留言是主播与观众进行互动和沟通的重要方式，也是衡量直播效果和观众满意度的重要指标。通过分析留言，可以了解观众的需求、喜好、意见和建议，以便优化和改进直播内容，进而提高直播的转化率。

1. 留言形式

（1）直播留言。直播留言是指观众在直播界面上，实时发送的文字、表情、语音等信息，具有即时性和可视性。直播留言可以增加直播的互动性和趣味性，也可以反映观众的情绪和态度。

（2）直播外动态留言。直播外动态留言是指观众在直播结束后，通过主播的媒体账号，对直播内容进行的评论，具有持久性和延续性。通过直播外动态留言可以扩大直播的影响力。

2. 分析重点

（1）留言总量分析。留言总量是指在一定时间内，观众发送的留言信息的总数，包括直播留言和直播外动态留言。留言数量可以反映直播间的人气和观众参与度，也可以反映观众的关注度和忠诚度。一般来说，留言数量越多，说明直播越受欢迎，观众参与度越高，主播越能吸引和留住观众。可将留言数量与直播的其他数据，如观看人数、观看时长、点赞数、转发数、成交量等一起进行分析，用以评估直播的综合效果。

（2）留言内容分析。留言内容是指观众在留言中表达的具体信息，包括文字、表情、语音等。留言内容可以反映观众的需求、喜好、意见和建议，也可以反映观众的情绪和态度。一般来说，留言内容越丰富、越正面、越具体，说明观众越满意、越支持、越信任主播和农产品。可将留言内容与直播的其他数据，如观看人数、观看时长、点赞数、转发数、成交量等进行综合分析，用以评估直播的综合效果。留言内容的分析方法有以下几种。

1）按内容频率分析。可以对留言内容进行词频统计，找出出现次数最多的词语，以此来了解观众的关注点和兴趣点。例如，如果观众经常提到"价格""优惠""品质"等词语，说明观众比较关心农产品的性价比和质量。

2）按内容情感分析。可以对留言内容进行情感分析，判断留言的情感倾向是正面、中性还是负面，以此来了解观众的态度。例如，如果观众经常使用"赞""好""棒"等词语，说明观众对直播和其所售的农产品比较满意。

3）按内容主题分析。可以对留言内容进行主题分析，归纳出留言的主要话题和主题，以此来了解观众的需求和喜好。例如，如果观众经常提到"种植方式""产地""保鲜"等话题，说明观众比较关心农产品的生产过程和保存方法。

（3）留言观众类型分析。留言观众类型可以反映直播的受众结构和特征，也可以反映直播的吸引力和转化率。一般来说，留言观众类型如下。

1）新粉。对主播和其所售的农产品的了解程度、关注程度和忠诚程度都比较低，主播需要用有吸引力的直播内容和互动方式来吸引和留住新粉。

2）老粉。对主播和其所售的农产品的了解程度、关注程度和忠诚程度都比较高，是主播的忠实粉丝和支持者，主播需要用优质的直播内容和福利活动来提高他们的忠诚度和信任度。

3）游客。指偶然观看到主播直播的观众，他们对主播和其所售的农产品几乎不了解，主播可以优质的直播内容和优惠活动来吸引其注意，尽量将他们转化为粉丝。

4）其他。指在直播间进行恶意刷屏、广告推销、恶意攻击等的观众。主播可用直播平台的管理功能对这些行为进行过滤和屏蔽，减少他们对主播的影响和损害。

3. 根据留言分析结果改进直播内容

通过对留言进行分析，主播可以了解观众的需求、喜好、关注点和兴趣点等。主播可以此为参考对直播内容进行优化和改进，以提高直播的吸引力和转化率。具体的改进方法如下。

（1）调整直播的时间、频率、时长和节奏，以适应观众的观看习惯和偏好，提高观众的参与度和留存度。

（2）调整直播的主题，创新直播中的互动活动，使观众对直播充满期待，从而增加观众黏性。

（3）优化直播的策略和方法，以吸引和留住不同类型的观众，从而提高直播转化率。

9.1.7 观看情况分析

观看量是衡量直播或视频内容受欢迎程度的重要指标，也是反映直播或视频平台流量的核心数据。观看量分析是指通过收集、整理、分析观看数据，了解观众的偏好、行为等，从而为直播或视频内容的优化、推广、变现等提供依据的过程。

1. 直播观看数据

在农产品直播销售中，涉及的观看数据有直播观看量、直播回放观看量、剪辑视频观看量。

（1）直播观看量。直播观看量是指在直播进行时，直播被用户观看的次数。直播观看量受直播时间、直播内容、直播平台、主播形象、互动方式等多种因素的影响。直播观看量越高，说明直播内容越吸引人，直播平台的流量越多，主播越有影响力。直播观看量可以通过提前预热、选择合适的直播时间、制定直播主题、设置互动环节、邀请嘉宾等方式来提升。

（2）直播回放观看量。直播回放观看量是指在直播结束后，观看直播录像的次数。直播回放观看量受直播质量、回放时长、回放标题、回放封面、回放推荐等因素的影响。直播回放观看量越高，说明直播内容越有价值，越能延续直播的效果，越能扩大直播的影响。直播回放观看量可以通过优化直播内容、精简回放时长、设置吸引人的标题和封面、加大推广力度等方式来提升。

（3）剪辑视频观看量。剪辑视频观看量是指由直播中的精彩片段制成的短视频的观看次数。剪辑视频观看量受剪辑内容、剪辑技巧、视频时长、视频标题、视频封面等因素的影响。剪辑视频观看量越高，说明视频内容越有吸引力，对直播的宣传推广效果越好。剪辑视频观看量可以通过精选直播内容、巧用剪辑手法、控制视频时长、设置有趣的标题和封面等方式来提升。

2. 分析重点

（1）观看量总数。观看量总数是指在一段时间内，该场直播所有观看数据之和。观看量总数是反映直播销售整体效果的重要指标，也是评价直播和直播平台运营水平的关键数据。观看量总数越高，说明直播销售越成功，直播平台越受欢迎。观看量总数可以通过增加直播或视频内容的数量、质量、多样性、创新性等方式来提升。

（2）观看量时间分布规律。观看量时间分布规律是指不同时间段的直播观看量的变化情况。观看量时间分布规律可以反映观众的观看习惯、偏好等，也可以为直播或视频内容的制作、安排、推送等提供参考。一般来说，工作日的晚上和节假日全天，直播观看量会相对较高。

（3）观看量随直播内容变化的规律。观看量随直播内容变化的规律是指在直播过程中，不同直播环节的观看量的变化规律。一般来说，观看量随直播内容变化的规律受直播节奏、直播亮点、互动内容等因素的影响，不同的直播环节其直播观看量不同。

（4）观看量与关注量的转化情况。观看量与关注量的转化程度是指通过观看直播而关注主播的人数。观看量与关注量的转化情况是衡量直播或视频内容质量和主播吸引力的重要指标。观看量与关注量的转化程度越高，说明直播或视频内容越能留住观众，主播的人气也会随之增高。

（5）观看量与购买量的关系。观看量与购买量的关系是指观看直播或视频的人中，购买农产品的情况。观看量与购买量的关系是衡量农产品直播销售的成交率和效率的重要指标,也是反映农产品直播销售的收益和价值的关键数据。

观看量与购买量的关系越密切,说明农产品直播销售效果越好,农产品直播销售的目标越容易达成。

9.2 运营内容复盘

9.2.1 直播主题和直播目标

农产品直播销售的主题和目标决定了直播的内容和方向。制定时应综合考虑农产品的特点、市场需求、观众喜好、竞争对手等因素。农产品直播销售的主题要清晰明确且符合市场需求,目标应具体且可量化,内容应新颖且有价值。因此,复盘运营内容时,需要回顾以下方面。

1. 直播主题应清晰明确

直播主题是直播的灵魂,应能概括直播的内容和目的,直播主题应该简洁,且有针对性和创意,以便更好地吸引观众的注意力。例如,"某某农产品直播销售"就是一个平淡且过于宽泛的主题,而"农场主带你探索有机蔬菜的奥秘"则是一个具有吸引力和针对性的主题。

2. 直播目标应具体且可量化

直播目标是直播的导向,应该具体、可量化、可实现,也要有挑战,避免不切实际或过于轻松。例如,"提高农产品的销量和知名度"是一个过于模糊和难以衡量的目标,而"在一小时内卖出 1 000 份有机蔬菜,提升品牌的关注度和好评率"是一个具体、可量化的目标。

3. 直播主题应与观众需求和期望相符合

观众是直播的对象,因此,制定直播主题前应了解观众的喜好,调查观众的需求,避免直播主题与观众的需求和期望相背离或相冲突。例如,"让你吃出健康和美丽"的主题可以较好地符合绝大部分观众的需求,而"又麻又辣让你畅快过瘾"的主题,只适合小部分爱吃辣的观众。

4. 直播内容应新颖、有价值

直播的内容应能展示农产品的特色和优势,传递农产品的信息。直播内容应新颖、信息应全面、农产品的特色应突出。例如,从农产品的"成长记"这个主题切入,展示从播种到收获的全过程,配以生动有趣的故事叙述,让观众感受到农产品的生命力和独特魅力;也可以关注当前的热点话题和流行趋势,将其与农产品直播主题相结合,创造出具有时效性和吸引力的主题;还可以结合地方特色和文化旅游,打造"乡村旅游+农产品直播"的主题,让观众在欣赏美景的同时了解并购买当地特色农产品。

9.2.2　直播时间和直播时长

农产品直播销售的时间和时长直接影响直播的观看人数、转化率等。直播时间和直播时长应该根据农产品的特性、市场需求、观众习惯、竞争情况等因素来制定。复盘运营内容时,需要分析以下方面。

1. 直播时间

直播应选择在观众最多、最活跃、最有购买力的时间段进行,以确保直播间的流量。选择直播时间时,应尽量避开其他热门直播或重大事件。

2. 直播时长

直播时长应根据农产品的数量、品种及平台要求等因素来确定,避免过长或过短。直播时长过长会让观众感到厌烦和疲劳,影响直播的效果;直播时长过短会让观众感到匆忙,影响直播的转化率。主播或直播运营团队应根据市场情况及直播间的直播数据,合理设置直播时长。

3. 直播频率

直播频率应根据农产品的生产周期、销售周期、库存量等因素来确定,避免直播次数过多或过少。直播次数过多会使市场饱和,降低直播的吸引力;直播次数过少则无法满足观众的需求，可能会导致粉丝流失。

9.2.3 人员和设备

人员和设备是直播的重要组成部分，直接影响着直播的质量和效果。复盘运营内容时，需分析以下几个方面。

1. 总体复盘

简要说明本次直播的人员和设备配置情况，包括主播、助理、摄像、灯光、音响等的人数和职责分工，以及直播设备的品牌、型号、功能、数量、摆放位置等情况，并对本次直播的人员和设备进行总体评价。

2. 人员效果复盘

对直播中涉及的人员，分别进行效果复盘，主要从以下方面进行评价。

（1）直播主播。对主播的形象、气质、语言表达、互动、专业知识、销售技巧，以及对农产品的展示、介绍、推荐等进行评价，分析其吸引和留住观众的情况和直播的转化情况等。

（2）直播助理。对助理的协调、沟通、服务，以及助理对主播的辅助、支持、监督等进行评价，看其是否能够有效地协助主播完成直播任务，保障直播的顺利进行，解决直播中出现的问题等。

（3）运营团队。分析运营团队在直播前的预热、直播中各阶段节奏的管控、直播后发货、物流管理、客户服务等方面做得是否到位、完善。

（4）技术团队。较小的直播团队，主播、助理、运营、技术等可能均由一人完成，但较大的、比较专业的团队，往往有专门负责摄像、灯光、音响等方面的技术人员。应对技术人员提供的技术支持进行复盘和评价。

3. 设备效果复盘

对直播中使用的各种设备，分别进行效果复盘，主要从以下方面进行评价。

（1）直播设备的选择。对所选设备的品牌、型号、功能、性能、价格等，以及所选设备是否适合农产品直播的特点、需求、场景等进行评价，看其是否能够满足直播的基

本要求和预期目标等。

（2）直播设备的使用。评价所用设备的操作、调试、连接、切换等方面，以及所用设备是否能够稳定、准确、快速地完成直播所需的各项功能，是否能够避免或解决直播中出现的设备故障、信号干扰、网络延迟等问题。

（3）直播设备的效果。评价所用设备的画面、声音、互动、数据等方面，以及所用设备是否能够满足直播的基本要求，是否能够提高直播的品质、水平等。

4. 改进建议或措施

根据复盘的结果，对人员和设备进行改进，主要从以下方面进行。

（1）人员方面。对直播人员的培训、考核、激励、管理等方面进行改进，提高直播人员的专业素养、工作效率、服务意识等，增强直播人员的责任感、积极性、创新性等。

（2）设备方面。完善对直播设备的维护、更新和优化，提高直播设备的安全性，保障直播设备能正常运行、高效服务等。

9.2.4 内容与策划

直播内容和直播策划直接影响直播的吸引力和转化率。因此，对直播内容和直播策划的复盘是运营内容复盘的重要环节。

1. 总体复盘

简要说明本次直播的内容与策划情况，包括直播的主题、目标、风格、时长、亮点、互动方式、促销活动等，并对其进行总体评价，如是否符合农产品直播的特点、需求等，是否能够突出农产品的优势、特色、价值等。

2. 内容效果复盘

对直播中呈现的各种内容，分别进行效果复盘，主要从以下方面进行。

（1）农产品内容。对农产品的品质、包装、价格，以及主播对农产品的展示、介绍、推荐、答疑等方面进行评价，看其展示的农产品信息是否全面、真实等。

（2）直播内容。对主播的语言、表达、态度，以及直播的节奏、变化、亮点等进行评价，看其是否能够流畅、自然、有趣地传递信息，是否能够吸引、留住观众等。

（3）互动内容。对互动的方式、频率、效果，以及互动的内容、话题、反馈等方面进行评价，看其是否能够提高观众的参与度、满意度等。

（4）促销内容。对促销的形式、策略、效果，以及促销的内容、奖励等进行评价，看其是否合理、合法、合规，是否能够增强观众的购买意愿，促进观众的购买行为，提高直播复购率等。

3. 策划效果复盘

对直播策划进行效果复盘，主要从以下方面进行。

（1）直播主题。评价策划的直播主题是否发挥了积极作用，是否符合农产品直播的市场需求、用户喜好、行业趋势等，是否突出农产品的特色、优势、价值等。

（2）直播目标。评价直播目标的设定是否合理，是否明确、具体、可量化、可达成，是否能够指导、推动、监督、反馈直播的各项工作等。

（3）直播风格。评价直播风格在选择、表现等方面是否存在重大问题，直播风格是否适合农产品直播的特点、需求、场景等，是否符合农产品的品牌形象、文化内涵等。

（4）直播时长。评价直播时长在分配、控制等方面是否有重大失误，直播时长是否合理等。

9.3 宣传推广复盘

9.3.1 方式与渠道

农产品直播销售的成功离不开精心策划的宣传推广活动。其中，宣传推广的方式与渠道，有很大的复盘空间。

1. 社交媒体

社交媒体是农产品直播销售的重要推广渠道之一。复盘时要注意以下内容。

（1）目标受众定位。统计各社交媒体的宣传推广情况，分析哪些社交媒体更适合目标受众，是否需要加强合作或开拓新的平台。

（2）内容质量。回顾过去发布的内容，分析观众的互动、分享和评论情况，根据分析结果进行改进。

（3）合作伙伴关系。总结与其他用户或机构的合作效果。研究与其的下一步合作方式等。

2. 电商平台

电商平台是农产品直接销售的关键渠道之一。在复盘时需要关注以下内容。

（1）产品展示效果。分析电商平台上的产品展示效果，包括图片、描述和价格等，看其是否需要优化产品页面信息，如优化产品的图片质量、描述内容、价格策略等，使产品更具吸引力和竞争力。

（2）用户评价与反馈。仔细研究用户的评价和反馈，分析用户满意的因素和不满意的问题，以便通过改进产品和服务来提升用户体验。

（3）促销活动效果。总结促销活动效果，分析促销对销售的影响，为调整促销策略提供参考。

3. 直播平台

直播平台是农产品销售的独特渠道，复盘时要考虑以下内容。

（1）直播内容创意。回顾直播内容，分析观众的互动和参与程度，讨论如何提高直播的吸引力和趣味性。

（2）直播频率和时段。分析直播的频率和时段，找出最受欢迎的直播时间段。并以此为依据，调整直播计划，以便更好地为直播引流。

（3）互动手段。分析互动效果，包括抽奖、问答等，为下次直播互动提供参考。

通过对以上宣传推广方式与渠道的复盘，可以更清晰地认识到不足之处，以便在以后的农产品直播销售活动中进行改进。

9.3.2　效率与效果

了解和分析宣传推广的效率与效果对于优化宣传推广策略至关重要。复盘时需要关注以下内容。

1. 数据分析与评估

主播团队需要深入分析宣传推广的相关数据，包括但不限于直播活动的观众数量、互动次数、转化率、观看时长等关键指标。这些数据可以帮助主播团队清晰了解每个宣传渠道的表现、哪些内容更受观众的欢迎，以及直播活动的热点时段等。

2. 调查观众反馈

效果复盘除了分析相关数据外，还要分析受众的实际感受和反馈。主播团队可以通过定期进行受众调查，获取观众对直播内容、产品展示和推广活动的看法，以及观众对直播活动的满意度。这有助于了解受众的需求和期望，为未来的直播活动策划提供参考。

3. 活动时间与频率分析

分析宣传推广的时间安排和频率也是非常重要的。通过分析不同时间段的观众活跃度，主播团队可以确定最佳的直播时间，以确保有更多的观众参与。同时，评估推广活动的频率，保持活动的新鲜感，避免频繁推送导致观众疲劳。此外，通过数据分析，还可以了解在哪些节假日或活动期间用户的参与度更高，以便在这些时间点加大推广力度。

4. 成本效益分析

宣传推广活动的成本效益也是需要仔细评估的方面之一。宣传成本包括人力、时间、资源等方面的投入。通过比较不同宣传渠道的投入与产出，主播团队能够确定哪些渠道对于销售效果更具有成本效益。这有助于合理分配宣传预算，提高推广活动的整体效果。

5. 竞品对比与借鉴

通过对比竞品的宣传推广策略，主播团队可以发现行业的最佳实践和创新点。这有助于主播团队更好地调整自己的策略，不断提高在农产品直播销售领域的竞争力。

通过以上多方面的复盘分析，主播团队能够全面了解宣传推广活动的优势和不足，为下一步的农产品直播销售策略提供科学依据，实现更高效的推广和更显著的销售效果。

9.3.3 线上与线下

1. 线上复盘

（1）社交媒体效果评估。在农产品直播销售中，社交媒体是不可或缺的宣传平台。主播团队需要对各社交媒体的互动数据进行深入分析，包括点赞、分享、评论等用户行为，以及用户对于不同内容的反馈等。这些数据可以帮助主播团队了解哪些内容受到用户关注，哪些话题参与讨论的用户更多等。这有助于主播团队调整未来的内容策划，使其能更有针对性地吸引潜在客户。

（2）直播回放、主播动态数据分析。对直播回放、主播动态数据进行详细分析，包括观看时长、观看次数和用户评论等数据。这些数据可以帮助主播团队识别观众感兴趣的产品和话题，进而调整推广重点，提高直播内容的吸引力。

（3）电商平台数据分析。对于使用电商平台进行销售的直播，主播团队需要关注商品点击率、加购率及转化率等关键指标。这些数据可以帮助主播团队深入了解用户在电商平台上的购物行为，包括他们对哪些产品感兴趣、购买的时间和频率，以及购买过程中的疑问和困惑。这些信息有助于主播团队进行产品优化，提高转化效果。

2. 线下复盘

（1）活动参与度评估。对于线下推广活动，主播团队需要对参与度进行详细评估，包括活动现场的人流量、互动参与度和用户反馈。这些数据可以帮助主播团队评估宣传效果，了解用户对活动的满意度，以及他们对产品的认知和接受程度。通过用户反馈，主播团队可以更好地了解他们的需求和期望，从而对线下推广活动进行优化。

（2）合作伙伴效果分析。如果线下活动有合作伙伴参与，主播团队需要对合作效果进行评估，包括合作伙伴的品牌影响力、互补性及是否能吸引目标客户群。主播团队需要收集和分析合作伙伴的反馈，以及他们对活动的贡献，以便评估合作的效果。根据合作伙伴的表现，主播团队可以选择是否继续合作。

（3）口碑相传效应。线下活动往往会带来口碑效应，通过用户之间的口耳相传，使产品的知名度得以提升。主播团队需要监测口碑传播的速度和内容，包括用户对产品的评价，以及他们对产品的推荐情况。这些信息可以帮助主播团队了解哪些方面受到用户赞誉，以便进行有针对性的推广。

通过深入分析线上与线下的复盘数据，农产品直播销售团队可以更有针对性地调整宣传策略，确保宣传推广活动取得最佳效果。不断优化并灵活应对市场变化，是确保农产品直播销售成功的关键一环。在这个过程中，主播团队需要始终保持对市场的敏感度，及时捕捉市场变化，以便主播团队能够快速调整策略，适应市场需求。

9.4 运营效果复盘

9.4.1 意见与建议

为了提高农产品直播销售的效果，主播团队需要对观众的意见与建议进行复盘，即对直播过程中收集到的观众反馈进行分析和总结，找出优势和不足，制定改进措施和计划。

1. 收集意见与建议

主播团队可以通过直播平台的评论、弹幕、点赞、收藏、转发等功能，以及社交媒体、问卷调查、客服电话等渠道，收集观众对农产品直播销售的意见与建议。主播团队应尽量收集全面、真实、具体的反馈，避免片面、虚假、模糊的信息。

2. 整理意见与建议

主播团队可以根据意见与建议的内容、来源、时间、数量等，对其进行分类、排序、筛选、归纳等操作，形成清晰、有序、有效的数据。主播团队应该重点关注观众的需求、疑问、满意度、忠诚度等指标，以及与农产品、直播销售等相关的反馈。

3. 分析意见与建议

主播团队可以运用统计分析、文本分析、情感分析、因果分析等方法，对整理好的意见与建议进行深入的解读，找出其中的规律、趋势、问题、机会等要素。主播团队应该从多个角度和层面，如主播、农产品、平台、市场、政策等，对意见与建议进行综合评估和对比。

4. 总结意见与建议

主播团队根据分析结果，可以知晓农产品直播销售的优势和存在的不足，以及观众的喜好和期待，并形成简明且有针对性的总结报告。总结报告应突出重点，归纳要点，避免冗余，使用专业、规范、准确的语言。

5. 制定改进措施

主播团队可以根据总结报告制定改进措施和计划，包括目标、策略、方法、步骤、时间、预算、责任人等要素。主播团队应该结合实际情况，制定可行、有效、创新的方案，明确责任和任务，制定监督和评估机制。

以上是进行意见与建议复盘的一般步骤，具体的操作和内容因农产品、直播平台、市场环境等的不同而有所差异。主播团队应该结合自身的特点和优势，不断优化农产品直播销售的效果，提升观众的满意度和忠诚度，实现农产品高效、高质、高价值的销售。

9.4.2 改进与优化

1. 提升主播的专业素养和人气

（1）加强对主播进行农业方面的培训，使其掌握更多的农产品知识和销售技巧，从而提高他们的专业水平。

（2）制定主播的人设定位和风格。根据农产品的种类和受众群体的特点，为主播设计合适的形象，从而增强主播的个人魅力和辨识度。

（3）利用社交媒体、短视频等平台，对主播进行宣传推广，扩大主播的影响力和粉丝基础，从而提高直播间的流量和转化率。

（4）鼓励主播与观众进行互动和沟通，解答观众的问题和疑惑，与观众建立信任和情感的联系，从而培养忠实的消费者群体。

2. 优化农产品的品质和供应链

（1）选择优质的农产品。注重农产品的品相、品味、品牌和安全性，满足消费者的需求和期待，提高农产品的竞争力和附加值。

（2）建立完善的农产品供应链。从种植、采摘、加工、包装、运输、配送等各个环节，保证农产品的新鲜度和质量，减少流通成本和风险，提高效率和速度。

（3）利用直播技术，展示农产品的生产过程和生长环境，增加农产品的透明度和可信度，激发消费者的购买欲望。

3. 创新直播的内容和形式

（1）根据农产品的特点，设计有趣和有价值的直播主题和内容，吸引消费者的注意力，增加直播的观赏性和教育性。

（2）根据消费者的喜好和反馈，调整直播的时间和频率，合理安排直播的时间和时长，提高直播效果和观众参与度。

（3）通过不同的媒体渠道和形式，扩大直播的覆盖范围，提高直播的影响力和传播力。